DÉBUT D'UNE SÉRIE DE DOCUMENTS
EN COULEUR

Couverture inférieure manquante

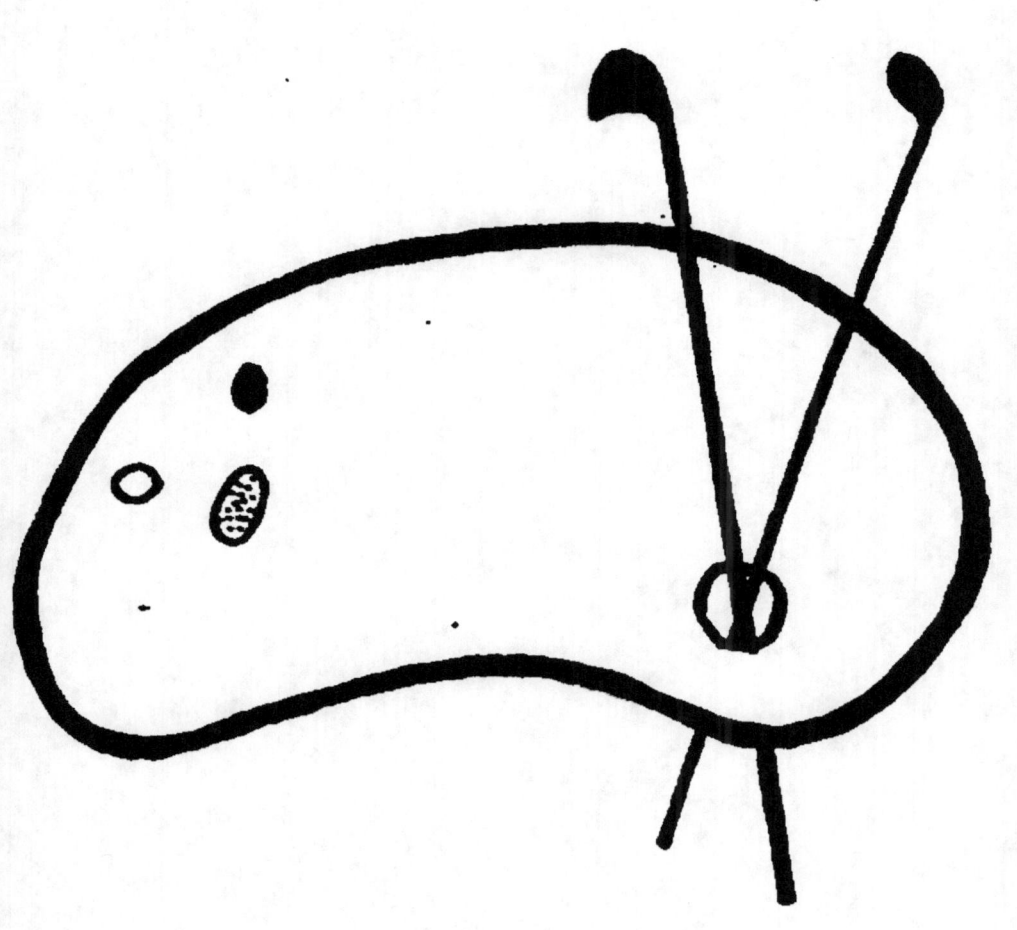

FIN D'UNE SERIE DE DOCUMENTS
EN COULEUR

LK 1
289

Pour paraître en 1895

LA FRANCE DU MASSIF INTÉRIEUR. *Essai d'histoire régionale comparée.* 2 vol.

Le tome I sera consacré à l'étude des cadres et des organes de la vie publique en Lyonnais, Auvergne, Bourbonnais, Marche, Limousin, Périgord oriental, Quercy, Albigeois, Rouergue, Gévaudan et Velay ; le tome II à l'histoire de la civilisation dans ces mêmes provinces.

LA FRANCE
DU
MASSIF INTÉRIEUR

INTRODUCTION (1)

1. Les notions de France intérieure, France du Centre, France du Massif, France du Milieu; — applications qu'on en a faites depuis un siècle. — Le Massif central, l'une des deux régions naturelles d'entre Loire et Garonne, serait mieux appelé le Massif intérieur. — La conquête du Massif par les géographes.

2. Définition du Massif intérieur au point de vue du géologue et du géographe. — Sa forme et ses limites géographiques. — Sa superficie comparée à celle de quelques autres pays. — Ses centres géométrique et géographique. — Sa position relative dans la France méridionale. — Son orientation générale. — Altitude du Massif et de ses principales villes.

3. Structure verticale et horizontale du Massif : la bordure des Cévennes ; — les chaînes latérales : monts de la Margeride et d'Auvergne, massif de la Lozère, monts d'Aubrac, cirque du Cantal ; — collines de Combraille et du Limousin ; — chaîne du Velay et du Forez ; — monts de Lacaune et du Lévezou. — Les volcans et les orgues. — Les causses et leurs plateaux. — Les vallées et leurs plaines.

4. Climat du Massif : la température, les vents et les pluies.

5. Hydrographie du Massif : les cours d'eau affluents de la Loire et de la Garonne ; — déviations de quelques-uns de ces cours d'eau. — Les rivières non navigables dans le parcours du Massif (Creuse, Aveyron, Isle, Vienne) ; — les rivières accessibles à la batellerie légère dans le parcours du Massif (Vézère, Tarn, Agout) ; — les rivières navigables dans le parcours du Massif (Lot, Dordogne, Allier, Loire). — Les chutes d'eau, les lacs, les étangs, les marais.

6. Les sous-régions du Massif : zones, versants, bassins, pays.

7. Les productions des trois règnes de la nature dans le Massif : minéraux, sources médicales, forêts, flore, faune, population humaine.

8. Caractères géographiques du Massif : région double, région moyenne, région de contrastes et d'inégalités.

(1) Bien connu des géologues depuis plus d'un siècle, le Massif central n'a sérieusement attiré que depuis vingt ans l'attention des géographes. MM. E. Reclus, Vivien de Saint-Martin, Paul Joanne, Gaffarel, lui ont, tour-

1

Il n'y a rien de plus confus que les notions de France intérieure, France du Centre, France du Massif, France du Milieu, dont les termes sont cependant si différents. Il faut donc commencer par les préciser pour éviter toute équivoque dans l'emploi que nous en ferons.

La *France intérieure*, c'est manifestement, dans le langage courant, l'ensemble des provinces, des départements que leur position géographique isole complètement des frontières. La France intérieure est donc exclusive aujourd'hui de la Flandre, de l'Artois, de la Picardie, de la Normandie, de la Bretagne, de la Guyenne du xie siècle, des provinces pyrénéennes, du Bas-Languedoc, etc. Suivant les siècles, elle a naturellement eu plus ou moins d'extension. Quand la frontière du saint Empire germanique cotoyait l'Auvergne, cette province ne faisait point partie de la France intérieure, si tant est qu'il y eut alors une France. Il en était de même de la Champagne avant l'annexion de la Lorraine au domaine royal.

France du Centre est un terme moins compréhensif et cependant fort sujet à contestation si l'on fait état des revendications qu'il soulève. A Bourges, à Limoges, à Clermont, la moindre feuille locale, le plus petit établissement industriel, la plus modeste association savante croit servir les intérêts du Centre. A le prendre dans sa rigueur verbale, c'est-à-dire au sens géométrique, le terme ne saurait convenir qu'à Bourges, situé en effet, à très peu de chose près, au lieu d'intersection des grandes diagonales du territoire français (1); à Bourges et au département du Cher, puisqu'il s'agit nécessairement non d'un point sans dimension, mais d'une surface fort étendue. En tous cas, la prétention de Limoges et de Clermont

à-tour et sous différentes formes, consacré des études aussi étendues qu'approfondies. Nous pourrons donc paraître assez mal venu de reprendre ce sujet après de tels devanciers. Nous l'avons osé cependant. Outre que cette introduction s'imposait aux dix-huit chapitres où nous traiterons de l'histoire du Massif, nous croyons avoir réussi à faire œuvre personnelle en portant notre attention sur certains côtés trop négligés, en classant les faits dans un ordre rationnel, surtout en recherchant dans quelle mesure les diverses parties de cette vaste région se sont adaptées à la vie des populations. Peut-être en pourrons-nous dire ainsi des choses assez nouvelles.

(1) Mathématiquement, ce point est situé dans la commune de Saint-Amand-Mont-Rond, au sud de Bourges.

d'être, eux aussi, les villes du Centre par excellence, se trouve infirmée. Elle s'explique cependant par d'autres considérations. Limoges est, à vrai dire, le centre du pays d'entre Loire et Garonne, et cette heureuse position est réellement constatée, depuis dix-huit siècles au moins, par le croisement qu'y ont eu les chaussées romaines, les grands chemins battus du moyen âge, puis les routes royales et les voies ferrées construites depuis le xviie siècle ; Limoges est donc un centre de région. Clermont est une autre coordonnée du même genre, située, ou peu s'en faut, au centre du massif montagneux qui va justement faire l'objet de notre étude. Chacune de ces trois villes : Bourges, Limoges, Clermont, n'occupe donc une position centrale que par rapport aux territoires, d'étendue fort différente, que nous venons d'indiquer. Les prétentions affirmées se justifient par ces distinctions et la rivalité cesse par la délimitation des droits.

Toutefois, ce n'est point le Berry, le Limousin et l'Auvergne seulement qui sont mêlés à ce débat : ce sont aussi la plupart des provinces que leur position géographique rend limitrophes des premières : le Nivernais, le Bourbonnais, la Marche se considèrent comme faisant réellement aussi partie intégrante de la France du Centre. Mais le terme acquiert alors une si vaste compréhension (1) qu'il perd toute précision, toute valeur d'usage. Il faudra donc chercher à en restreindre le sens, à en diminuer l'ampleur.

L'expression « France du Centre » ne fut guère usitée sous l'ancien régime : du moins ne l'avons-nous jamais rencontrée. Mais il est quelquefois question des provinces centrales, sans qu'elles soient d'ailleurs nominativement énumérées. C'est aux statisticiens de la fin du xviiie siècle que revient le mérite d'avoir essayé d'en préciser le sens.

En 1790, un comité de l'Assemblée constituante, se plaçant au point de vue agricole et sans tenir compte des origines provinciales, adopta un groupement des départements en six régions (2). Il fit entrer dans celle dite du Centre une partie seulement de l'Orléanais (le Loir-et-Cher), puis les départements tirés du Berry, du Bourbonnais, du Nivernais, de l'Auvergne haute et basse, du Velay, du Gévaudan, de la Marche, du Limousin haut et bas et du Périgord. Quant aux départements formés du Quercy, de l'Albigeois et même du Rouergue, ils furent englobés dans la région du sud-ouest ; les

---

(1) Les six provinces que nous venons de nommer mesurent ensemble au moins 60,000 kil carrés, c'est-à-dire un neuvième de la France.

(2) Ce groupement a été suivi par Arthur Young, Léonce de Lavergne et Paul Boiteau (*Etat de la France en 1789*, 2e édit., p. 8 à 10).

départements du Rhône et de la Loire (qui n'en formaient alors qu'un seul) furent attribués à la région du sud-est.

Dans son rapport sur les finances, présenté à l'Assemblée en 1791, Montesquiou admet neuf régions, dont huit empruntent leurs noms à la rose des vents : la neuvième est dite du Centre. Ces neuf régions, Herbin et Peuchet les ont adoptées dans leur *Statistique générale et particulière de la France* (1) et ils ont groupé dans celle du Centre les départements du Loir-et-Cher, du Loiret, de l'Yonne, de la Nièvre, du Cher, de l'Allier, du Puy-de-Dôme, de la Creuse et de l'Indre. La Haute-Vienne est rangée dans la région de l'ouest, le Rhône et la Loire dans celle de l'est, la Haute-Loire dans celle du sud-est; la Corrèze, le Cantal, la Lozère, l'Aveyron, le Tarn et le Lot sont placés dans la région du sud.

Les frères Reclus, dans l'introduction qu'ils ont donnée au *Dictionnaire géographique de la France* de M. Joanne (1869), ne connaissent que six « divisions naturelles », et suivent en partie la classification adoptée vers 1828 par le géologue belge d'Omalius d'Halloy. La région centrale de la France reçoit ainsi une extension considérable, puisque le Berry et le Bourbonnais font corps avec les provinces et pays du Massif, y compris le Vivarais, le Lyonnais-Forez-Beaujolais, le Charollais, l'Auxerrois et le Morvan. Par contre, le Quercy et le Périgord sont rattachés tout entiers à la région du sud-ouest ; l'Albigeois fait partie de celle du midi.

Placé également au point de vue géologique, M. le colonel (aujourd'hui général) Niox admet cependant en France dix régions. Celle du Centre se confond entièrement avec celle du Massif central « qui correspond aux anciennes provinces d'Auvergne, du Lyonnais, du Bourbonnais, du Nivernais, de la Marche et du Limousin », ou même seulement à l'Auvergne, au Limousin, à la Marche, ou moins encore à l'Auvergne et au Limousin (2). En tout cas le Berry est exclu de la région du Centre: il est rattaché à celle de Paris. A la France du Centre ainsi comprise, l'auteur donne pour prolongements : au nord le Morvan, au sud les Causses (Haut-Quercy, Rouergue septentrional et Gévaudan occidental). Mais des Causses il fait en même temps une dépendance des Cévennes, concurremment avec le Vivarais, le Gévaudan oriental et le Rouergue oriental. Ces confusions résultent du parti-pris

---

(1) Publiée en l'an XII de la République (1803), tome I, p. 75 et ss. — Herbin et Peuchet reconnaissent une dixième région formée des pays réunis, que Montesquiou n'avait pu prendre en considération.

(2) G. Niox *Géographie militaire de la France*, 1re édit., 1878 ; 4e édit., 1893. Voir p. 9, 38, 319.

de donner le sous-sol pour unique base à l'étude de la géographie, qui est pourtant avant tout l'étude du sol. L'histoire n'a rien à attendre de cette méthode.

Sous l'influence de préoccupations purement historiques, un ouvrage de haute valeur scientifique, le *Musée des archives départementales* (1), distingue neuf régions et compose celle du Centre des provinces suivantes : l'Orléanais, la Touraine, le Berry, le Bourbonnais, la Marche, le Limousin, l'Auvergne, le Nivernais. L'Albigeois, le Gévaudan et le Velay sont annexés à la région du sud comme parties intégrantes du Languedoc ; le Quercy, le Périgord, le Rouergue sont compris dans la région du sud-ouest comme membres du duché de Guyenne. Quant au Lyonnais, il est rattaché à la région du sud-est.

Il serait oiseux de poursuivre toutes les applications qui ont été faites au XIXe siècle du terme de France centrale (2). Nous rappellerons seulement qu'il y eut à Limoges, en 1858, une « Exposition industrielle du Centre de la France », qui rassembla fort légitimement les produits des départements du Puy-de-Dôme, de l'Allier, du Cher, de l'Indre, de la Creuse, de la Corrèze, de la Haute-Vienne et, par surcroît inattendu, ceux de la Vienne, des Deux-Sèvres, de la Charente-Inférieure, de la Charente, de la Dordogne et de la Gironde. C'est l'abus le plus curieux que nous ayons rencontré du terme en question.

La raison de ces hésitations et de ces contradictions est double. En premier lieu les points de vue étant multiples, les applications le sont également. Au moins pourrait-on demander que les gouvernants, laissant de côté le point de vue spécial du géologue, de l'agronome, de l'historien, en prissent un plus général et plus intelligible à tout le monde. Mais le gouvernement a lui aussi erré en cette matière et n'a jamais donné au terme qui nous occupe un sens fixe qui, bon ou mauvais, eut été au bout de peu de temps accepté par le public, grâce à ce prestige du caractère officiel si puissant en France. Partant fort justement de ce fait que Bourges est au centre géométrique de la France, les publications émanées des Ministères

---

(1) Publié par les soins du Ministère de l'intérieur en 1878.

(2) M. A. Luchaire applique le nom de « France centrale » au groupe d'Anjou, Touraine, Blaisois, Parisis (*Hist. des instit. monarchiques de la France*, I, 3, 17, 25, 28 et II, 82). Mais tout le contexte prouve que l'auteur ne prend en considération que la France capétienne, qui s'étendait alors de la Meuse à l'Océan sans guère dépasser la Loire. Pour M. A. Thomas, dans son livre sur *Les Etats provinciaux de la France centrale sous Charles VII*, la région étudiée ne comprend que l'Auvergne, la Marche et le Limousin.

groupent ordinairement autour du département du Cher un plus ou moins grand nombre de provinces ou de départements, suivant qu'elles ont ou non tenu compte des attaches historiques. Mais ce n'est pas l'histoire, c'est la géographie qui doit, avant tout, limiter la notion que nous étudions. Or, la géographie possède dans sa terminologie un terme assez récent, que nous apprécierons tout à l'heure : celui de Massif central. Est-il possible d'englober tous les départements de ce Massif dans la France du Centre ? Quelques géographes l'ont osé par esprit de logique, et ils ont abouti à classer le département de l'Aveyron dans la même région que celui du Cher (1). D'autres, moins logiciens, ont scindé arbitrairement les départements du Massif et attribué les plus méridionaux à la région languedocienne.

Ni l'un ni l'autre de ces deux systèmes ne saurait être accepté comme définitif, puisqu'ils donnent prise tous deux à des critiques trop fondées. Il y en a heureusement un troisième qui consiste à distinguer la France centrale — Berry et Nivernais (2) — de la *France du Massif* (Lyonnais, Auvergne, Bourbonnais, Marche, Limousin, Périgord, Quercy, Albigeois, Rouergue, Gévaudan, Velay). Voilà bien en effet le vrai principe de classement (3), le seul critère d'attribution reposant sur deux notions permanentes aisées à constater : l'une géométrique, l'autre géographique. Il n'y a plus à chercher autre chose.

Toutefois, ce principe de classement soulève dan l'application quelques difficultés. Ni les historiens, ni les économistes, ni les administrateurs ne sauraient consentir à confondre le Lyonnais (c.-à-d. les départements du Rhône et de la Loire) dans le même

---

(1) Voy. entre autres M. Vivien de Saint-Martin, *Nouv. dictionn. de géographie* : art. France (1881), p. 345.

(2) Départements de l'Indre, du Cher et de la Nièvre. — En y ajoutant ceux de l'Allier, du Loiret, même de l'Yonne et du Loir-et-Cher, comme on le fait quelquefois, on étend la notion géométrique, forcément très restreinte, aux dépens de la notion géographique.

(3) Le véritable inventeur de cette distinction nous paraît être Boreau dans sa *Flore du centre de la France* (1840). La distinction de la France du centre et de la France du massif n'a été reprise, à notre escient, que tout récemment par M. E. Reclus, dans son bel ouvrage sur *La France* (t. II de la *Nouv. géogr. univ.*, 1877, p. 919), et par M. P. Foncin, dans son *Atlas de Géographie* (2e année, 1880, p. 75). Mais ces deux géographes ne s'accordent pas dans le choix des départements qu'ils attribuent au Massif. M. Reclus qui en admet treize, exclut celui du Rhône ; M. Foncin n'en admet que dix, par exclusion des départements de l'Allier, de la Loire et de la Dordogne qui figurent dans la nomenclature de son prédécesseur.

groupe que le Limousin ou l'Albigeois. J'en vois bien les raisons : par son histoire, par ses intérêts, par ses relations, le Lyonnais est orienté, depuis bientôt vingt siècles, vers la vallée du Rhône et de la Saône, comme l'Albigeois vers la vallée de la Garonne. Mais c'est là une considération après coup, dont on ne saurait arguer *a priori* pour enlever à la France du Massif deux provinces si intimement unies aux Cévennes. Il importe, si l'on veut prendre une vue philosophique des choses, de partir d'un groupe fondé en nature, pour montrer ensuite les diminutions que lui ont fait subir les coups de la politique et les exigences des intérêts matériels.

La France du Centre et la France du Massif sont inscrites dans la France intérieure comme dans un vaste polygone ; mais elles ne la couvrent pas tout entière. Il semble donc légitime d'introduire dans la terminologie géographique l'expression de *France du Milieu* pour désigner à la fois la région du Massif, celle du Centre géométrique et celle de l'Ile-de-France, c'est-à-dire les deux pôles de notre pays et le territoire intermédiaire. C'est dans ce sens que nous parlerons quelquefois de la France du Milieu.

∴

Dans le vaste territoire qui s'étend des Cévennes à l'Océan et de la Loire à la Garonne, le géographe distingue deux parties : une région montagneuse qui s'adosse aux Cévennes sur toute leur longueur — et la plaine aquitanique qui, à l'ouest, borde cette région depuis la moyenne Garonne jusqu'à la Sèvre niortaise, pour se relier insensiblement à la plaine ondulée qui longe la basse et la moyenne Loire jusqu'aux approches du Morvan.

La région montagneuse que nous venons de signaler est appelée tantôt Plateau central, tantôt Massif central. Le premier de ces deux termes, même dans le sens restreint où il était employé originellement, est tout simplement détestable, puisqu'il s'agit non point d'un plateau isolé, mais d'un ensemble de plateaux, de plaines, de montagnes et de vallées. Le mot de massif, introduit par correction, il y a une quarantaine d'années au moins (1), est donc préférable. Mais ce massif n'est nullement central par rapport aux autres parties du territoire français ; il est même tout à fait en dehors de ce qu'on peut rationnellement appeler la région du Centre. Tandis que celle-ci se rattache par sa position, par sa langue, par son droit coutumier, par presque toute son histoire à la France du Nord, le Massif appartient bien incontestablement, de la même manière, à la France du Midi. Ces constatations nous paraissent si solides à tous

---

(1) Nous le rencontrons pour la première fois dans Élie de Beaumont, *Notice sur les systèmes de montagnes*,..... 1852, t. II, p. 1068.

égards, que nous proposons, quelque aversion que nous ayons pour les innovations de ce genre, de l'appeler le Massif intérieur. Si ce terme triomphe dans l'usage, il n'y aura plus désormais de confusion possible entre la France du Centre et la France du Massif intérieur.

Avant de passer à l'étude de notre sujet, une remarque s'impose. Les hauts pays que nous appelons aujourd'hui le Massif n'ont point dans le passé d'appellation générique commune, comme les Alpes, les Pyrénées ou les Pays-Bas, ni d'appellation historique significative comme le Languedoc, la Normandie, le Dauphiné, la Suisse. Tout au plus peut-on admettre que les Anciens ont étendu parfois jusqu'à l'Auvergne le nom des Cévennes. Il y a là pour nous un avertissement à ne point suivre l'erreur de ceux qui, d'une notion fort récente (nous allons le prouver tout-à-l'heure), voudraient tirer pour l'histoire de la France toutes sortes d'indications nouvelles. Du Massif intérieur nos ancêtres n'ont discerné que les Cévennes et les monts d'Auvergne. S'il est aujourd'hui permis au mot de créer son objet, il faut que ce soit sans effets régressifs. Nous n'aurons garde de l'oublier.

.·.

Pendant longtemps les géographes n'ont accordé au Massif intérieur qu'une attention superficielle. Le héraut Berry, qui vivait sous Charles VII, parle en quelques lignes des Cévennes et des monts d'Auvergne. L'italien Berlinghieri, dans sa carte de France publiée à Florence vers 1478, fait des Cévennes et des monts d'Auvergne une seule et même masse, mais de proportions fort restreintes (1). La première carte des Cévennes méridionales, qui est de Jean Le Clerc (fin du xvie siècle), celles des autres parties du Massif dressées à la même époque ou au xviie siècle, ne laissent rien deviner que le relief des chaînes principales. On en doit dire autant des cartes qui, au xviiie siècle, suivirent en si grand nombre. Dans son livre *Les Rivières de France* (1644), l'abbé Coulon n'est frappé que par le caractère torrentueux de la plupart de nos cours d'eau. Quant aux causses, ils n'attirent vraiment la curiosité savante que dans la seconde moitié du xixe siècle.

Superficielle, l'attention des géographes n'est aussi que partielle, en ce sens que, jusque vers le milieu de notre siècle, les explorateurs s'intéressent soit aux Cévennes, soit aux monts d'Auvergne, soit aux causses du sud-ouest, rarement à l'ensemble de ces formations géologiques. L'idée du Massif n'est pas encore tout-à-fait née. Elle ne s'imposera même que lentement, car les efforts des

(1) Cette carte a été reproduite au tiers de l'original par M. Vidal Lablache. *Atlas*, p. 46, f.

explorateurs resteront longtemps encore tournés vers les Alpes et les Pyrénées comme vers de plus dignes sujets.

Si celles-ci ont eu leur Saussure et leur Ramond pour en révéler au public les mystères et les beautés, le Massif a enfin trouvé dans M. E.-A. Martel l'explorateur résolu qu'on attendait encore. Cependant, jusqu'ici, ses descriptions des Cévennes et des Causses ont plutôt fondé la connaissance souterraine de notre région que celle de sa surface (1). C'est à MM. Elisée Reclus, Vivien de St-Martin, Gaffarel, A. et P. Joanne (2) que nous sommes vraiment redevables des premiers travaux précis et détaillés qui aient été consacrés en France à la géographie du Massif. Grâce à eux et au Club alpin (section des Cévennes et des Causses instituée en 1885 (3), grâce aussi aux Sociétés de géographie de Lyon (1871), de Montpellier (1878) et de Toulouse (1884), il n'est plus aujourd'hui de géographe, il n'est plus de cartographe qui, dans la description ou la représentation de la France, n'attribue à notre région la place qui lui appartient (4). C'est là surement un des gains les plus notables du mouvement géographique des vingt dernières années.

(1) E -A. MARTEL, *Les Cévennes et la région des Causses*, 1890.

(2) E. RECLUS, *la France*, 1877 (t II, de la Nouv. géogr. univers.) : — Vivien DE SAINT-MARTIN, *Nouveau dict. de géographie* (art. France, publié en 1881); — GAFFAREL. *le Massif central* (dans la *Revue de Géographie*, 1886, t. XIX); — Paul JOANNE, *les Cévennes*, 1884; *Auvergne et Centre*, 1888. Ces deux derniers ouvrages sont un dédoublement, fort augmenté dans chacune de ses parties, du volume publié par M. Ad. Joanne vers 1878, *Auvergne, Morvan, Velay, Cévennes* (dans l'*Itinéraire général de la France*). Par son cadre même, celui-ci marquait un progrès sur le volume publié vers 1867 où l'on avait fait entrer à la fois l'*Auvergne, le Dauphiné et la Provence*. — *Auvergne et Centre* a été arrondi en 1888 de tous les départements du Massif oriental, qui primitivement avaient pris place dans le volume intitulé *De la Loire à la Garonne* (2ᵉ édit., 1875). La collection Joanne a donc évolué en moins de vingt ans dans le sens de l'adaptation de chacun de ses volumes aux principales unités régionales de la France.

Nous ne citons ici que les ouvrages d'ensemble. Pour les monographies spéciales, voyez la bibliographie qu'a dressée M. Malavialle dans sa leçon d'ouverture d'un cours public à la Faculté des lettres de Montpellier : *Les Cévennes [méridionales] et les Causses*, 1893.

(3) Je m'étonne que le Club alpin n'ai pas étendu l'activité de cette section à l'ensemble du Massif. Les volcans de l'Auvergne, les dykes du Velay, certains plateaux du Limousin ont droit, presque autant que les Causses à l'attention des explorateurs.

(4) Sauf erreur de notre part, le premier atlas classique français où se trouvent figurés les contours du Massif est celui de Dussieux, *Atlas général de géographie*, 2ᵉ édit., 1872, carte n° 36. Nous n'avons pu vérifier la première édition.

2

Qu'est-ce au juste que le Massif intérieur? Pour les géologues c'était, il y a soixante ans, le vaste ilot de granit et de gneiss qui fait corps avec la ligne de faite des bassins de la Loire et de la Garonne. Mais peu à peu les géologues ont étendu ce nom à l'ensemble des terrains primitifs qui flanquent à l'ouest la longue chaine des Cévennes.

Dans cette dernière conception, les diverses parties du Massif sont d'âge fort différent : les granits du Limousin, du Forez, du Gévaudan septentrional, ceux du Vivarais et du Morvan ont émergé des eaux bien des siècles avant les Alpes et les Pyrénées, pendant la période dite silurienne. Ce furent, avec les granits de la presqu'ile armoricaine, les premières saillies du continent européen au-dessus du niveau de la mer. Au contraire, les roches volcaniques de l'Auvergne, du Gévaudan et du Velay sont le résultat d'éruptions postérieures, dont les premiers phénomènes se manifestèrent à l'époque tertiaire. Pendant la période carbonifère, notre Massif était encore « bordé d'une lagune d'immense étendue, et c'est seulement à la périphérie de celle-ci que s'opérait le mélange des eaux douces et des eaux salées » (1).

L'idée de l'unité originelle du Massif, nous la devons donc aux géologues. C'est eux qui, les premiers, en 1751, par l'organe d'un membre de l'Académie des sciences, Guettard, attirèrent l'attention du monde savant sur les volcans de l'Auvergne. Quelques années plus tard, Faujas de Saint-Fond étudiait ceux du Velay et du Vivarais (1778). Toutefois il faut arriver jusqu'aux premiers travaux de Dufrénoy et d'Elie de Beaumont (1833) pour trouver une vue claire de ce que représente le Massif dans la géogénie de la France. Leur grande carte géologique ne parut même qu'en 1841.

Mais pour les géographes, dont le point de vue importe ici davantage comme plus étroitement lié à l'histoire, le M. I. a beaucoup plus d'étendue que pour les géologues. Il embrasse l'ensemble des reliefs et des ravins qui sillonnent la partie du territoire comprise entre les Cévennes et les terrains sédimentaires de l'ouest. Dans cette conception, le massif granitique et volcanique des géologues a pour

---

(1) Fouqué, *Le Plateau central de la France*, lecture faite à la séance publique de l'Institut, 25 oct. 1890. — Pour plus de détails sur cette question que nous ne pouvons qu'effleurer, voy. Ch. Depéret, *Orogénie du Plateau central* (dans les *Annales de géographie*, 1892, p. 369 et 378).

annexes les plateaux crayeux qui couvrent partie du Quercy, du Rouergue et du Gévaudan, ainsi que les masses schisteuses du Rouergue, les masses éocènes de l'Albigeois, les monts du Lyonnais, du Beaujolais, du Charolais, du Morvan et du Nivernais. Ces reliefs et ces ravins sont assez nombreux, assez accentués, assez dissemblables les uns des autres pour varier à l'infini l'aspect de cette région, gêner les communications des hommes et imposer aux populations un genre de vie qui diffère sensiblement de celui de la plaine. Pour toutes ces raisons, il est légitime de la considérer à part.

Après les géologues et les géographes, après les économistes — dont les ouvrages accordent maintenant au Massif intérieur toute l'attention qui lui est due (1) — peut-être serait-il temps que les historiens étudient eux aussi ce *sujet* (2), pour l'approprier à leurs fins et combler ainsi la regrettable lacune qui subsiste dans leurs tableaux de la France.

Ce droit reconnu, le premier usage que nous en ferons sera d'écarter de notre champ d'études le Charolais, le Morvan et le Nivernais qui appartiennent, par leur position géographique autant que par leur histoire, à la région d'outre Loire, — puis le Vivarais qui est, de la même manière, tout entier orienté vers celle du moyen Rhône. Ces pays ont subi depuis bien longtemps des influences toutes différentes de celles qui ont agi sur le reste du Massif intérieur. On en pourrait dire autant du territoire des Ségusiaves qui a formé, sur la rive droite de la Saône et du Rhône, le Lyonnais-Forez. Mais ce territoire est lié si indissolublement à la vallée de la haute Loire et à la chaîne des Cévennes septentrionales, il est en corrélation si étroite avec le Velay et l'Auvergne, que nous ne pouvons songer à le traiter géographiquement en étranger. En reconnaissant dès maintenant qu'il est demeuré historiquement comme en marge de l'Aquitaine, nous aurons fait une réserve suffisante.

Réduit à ces limites, le Massif intérieur ne sera plus guère que le massif aquitanique. La notion historique que nous en prendrons plus tard tiendra le milieu comme étendue entre la notion géographique et la notion géologique.

(1) Voy. en particulier *la France économique* de M. de Foville (1889), et *la France et ses colonies* de M. Levasseur (nouv. édit., 3 vol. 1890-93).

(2) Les Bénédictins de la congrégation de St Maur, et avant eux le P. Labbe, ont eu cette pensée lorsqu'ils se sont occupés de la province ecclésiastique de Bourges qui, avant 1678, couvrait, comme nous le verrons, la presque totalité du Massif. Mais leur point de vue, trop exclusivement historique, ne saurait nous arrêter.

Privé par définition du Vivarais, du Charolais, du Morvan et du Nivernais, le Massif intérieur n'est plus qu'un vaste quadrilatère, dont la base légèrement ovoïde s'appuie pour moitié sur les Cévennes méridionales, tandis que le plus grand côté se confond avec les Cévennes septentrionales. Au sud-ouest, il a pour frontière naturelle le col de Naurouse, au seuil du Lauraguais, et la vallée du Tarn inférieur. Au nord et surtout à l'ouest, il présente une série d'angles rentrants et d'angles saillants qui correspondent aux articulations que les chainons détachés des Cévennes projettent sur la plaine environnante. Mais la ligne brisée qui en résulte ne saurait constituer une barrière pour les habitants de l'intérieur, non pas même pour ceux de la plaine. Elle représente simplement la limite hypsographique de la région que nous étudions.

Très fortement encadré à l'est et au sud par la longue chaine des Cévennes, dont les escarpements font face au Rhône et à la Méditerranée, le Massif intérieur s'ouvre au contraire librement au nord et à l'ouest, sur les plaines du Berry, du Poitou et de la Guyenne, par une série de vallées, plus ou moins larges, dont l'inclinaison se mesure par la pente moyenne des rivières dont elles sont sillonnées. Le Massif n'est pas une France close et séparée du reste du pays : c'est une France distincte par sa structure géographique, rien de plus. Si donc, dans son ensemble, il ne ressemble que d'assez loin au quadrilatère de Bohême, il a plus d'une analogie avec le massif de Transylvanie qui, à l'autre extrémité de la chaine des Alpes, est tourné vers la grande plaine de Hongrie et séparé par le Danube de la chaine des Balkans (1), — plus d'une analogie aussi avec la série des plateaux qui bordent les Vosges à l'ouest et s'abaissent si naturellement vers la France.

Dans les limites où nous le considérons, le Massif intérieur a, du nord au sud, une largeur de 300 kil. (2), comme les Alpes elles-mêmes entre Linz et Trieste, entre Vérone et Munich. De l'ouest à l'est il a une largeur de 280 kil., mesurée, si l'on veut, sous le 46e parallèle, de Confolens-sur-Vienne à Villefranche-sur-Rhône (3). Sa superficie serait donc de 84,000 kil. carrés (4), plus

(1) Voy. dans l'*Atlas Vidal-Lablache*, la carte physique de l'Autriche-Hongrie, p. 93.
(2) Des Pyrénées à la mer du Nord le méridien de Paris mesure environ 1,000 kilomètres, exactement 975.
(3) A la même latitude, la largeur de la France, des Alpes à l'Océan, est d'environ 450 kilomètres.
(4) La superficie de la France est de 535,000 kil. carrés. C'est le chiffre

probablement 82,000 kil. carrés, si l'on tient compte de la forme ovoïde de la base (1). Il s'étend sur un sixième de la France actuelle (2), sur un huitième de la Gaule romaine, et couvre en totalité dix de nos anciennes provinces (3), plus la moitié orientale d'une onzième, autrement dit treize de nos départements (4), plus la moitié de deux autres.

Il serait sans profit de comparer cette superficie à celle du Languedoc ou de la Guyenne puisque, dans leur dernier état, ces deux provinces empiètent sur notre région. Mais il est bon de savoir que le Massif est aussi étendu que l'Irlande (84,252 k. c.), environ trois fois plus que la Belgique (29,457 k. c.), deux fois plus que la Hollande (33.000 k. c.), ou que la Suisse (41.346 k. c.), et d'une moitié plus grand que la Bohême (51,967 kil. c.), la Grèce antique (57,000 k. c.), et la région montagneuse qui s'étend entre le Rhône, les Alpes et la Méditerranée (56,000 k. c.), à l'exclusion du Valais (5).

---

adopté, de préférence à plusieurs autres, par M. de Foville. *France économique*, 1890, p. 2. Mais plus récemment, en 1894, le général Derrecagaix a évalué cette superficie à 535,108 kil. carrés.

(1) MM. Gaffarel et Levasseur qui ont étudié le Massif dans sa totalité, c'est-à-dire avec le Morvan et le Vivarais, sont donc fondés à dire qu'il couvre environ 100,000 kil. carrés, à peu près le cinquième de la France, et s'étend sur tout ou partie de vingt-deux de nos départements. — Nous ne saurions dire comment M. Marcel Dubois justifie le chiffre de 130,000 kil. carrés qu'il adopte dans sa *Géographie de la France*, 1893, p. 56. — Pour MM. Schrader (*Atlas*, carte n° 9), et Vivien de Saint-Martin (*Dictionn*, p. 329), le Massif ne couvre qu'un septième de la France.

(2) En faisant la somme des superficies de chacun des treize départements et des quatre arrondissements énumérés ci-après, on obtient 81,443 kil. carrés.

(3) Albigeois, Auvergne, Bourbonnais, Gévaudan, Limousin, Lyonnais-Forez, Marche, Quercy, Rouergue, Velay, plus la moitié orientale du Périgord.

(4) Allier, Aveyron, Cantal, Corrèze, Creuse, Loire, Haute-Loire, Lot, Lozère, Puy-de-Dôme, Rhône, Tarn, Haute-Vienne, — plus une partie des départements de la Dordogne (arr. de Nontron, Périgueux, Sarlat), et du Tarn-et-Garonne (arr. de Montauban), dont l'ensemble équivaut comme superficie à un quatorzième département.

(5) Ces superficies sont empruntées, sauf les deux dernières, à l'*Almanach de Gotha* (1894). — Pour l'Irlande, MM. Reclus et Vidal donnent 82,340 k. c. Par contre, les dictionnaires géographiques et historiques de Bouillet, Dezobry, etc., indiquent 52,300 k. c.!! A cette occasion nous prévenons, une fois pour toutes, que les données numériques fournies par les publications spéciales étant, le plus souvent, fort différentes les unes des autres, nous avons, en règle générale, adopté les plus récentes quand elles nous ont paru établies avec quelque critique.

Le centre géométrique de ce quatrilatère ne saurait se déterminer avec une pleine rigueur, tant il est malaisé de trouver, pour les diagonales, des angles de départ incontestés. Les géographes s'accordent assez généralement à placer ce centre non loin de Clermont, au Puy de Sancy, qui est en même temps le pic le plus élevé de la région. On pourrait aussi bien prendre en considération un centre géographique tel que le cirque du Cantal, au voisinage du point précis où le méridien de Paris coupe le 45° de latitude. D'ailleurs, l'un et l'autre centre sont situés à égale distance de la chaine des Alpes et de la côte de l'Océan ; mais le cirque du Cantal est en outre, par rapport à Bourges et à la côte de la Méditerranée, dans la même relation que Paris par rapport à Bourges et à la côte de la mer du Nord. Le cirque du Cantal et le bassin parisien sont les deux coordonnées de la France du Milieu.

S'il est bon de savoir que l'altitude moyenne des puys du Massif est de 1000ᵐ (1) et celle des vallées de 500ᵐ, il est cependant plus instructif pour l'histoire des populations de constater que cette altitude varie sensiblement suivant trois zones concentriques, que détermine la structure générale du Massif. La première, que nous appellerons la zone préliminaire, a une altitude moyenne de 200ᵐ. On a établi que celle de 325ᵐ poursuivie point à point à travers cette zone, dessine une ligne sinueuse (ce qu'on appelle une courbe de niveau) qui, partant de l'extrémité des Cévennes septentrionales et passant au nord de Riom (350ᵐ), laisse en dehors de son périmètre Moulins (226ᵐ), Montluçon (228ᵐ), Bellac (242ᵐ), Limoges (261ᵐ), Tulle (214ᵐ). Périgueux (108ᵐ), Cahors (123ᵐ), et Albi (169ᵐ).

Au second étage du Massif, dans la zone antérieure, d'une altitude moyenne de 500ᵐ, les villes sont fort inégalement élevées. Du côté de la Loire, Clermont est à 407ᵐ, Guéret à 445ᵐ, Saint-Etienne à 540ᵐ. Le Puy à 685ᵐ, Yssingeaux à 860ᵐ. Du côté de la Garonne, Aurillac atteint 622ᵐ, Rodez 633ᵐ, Marvejols 640ᵐ, Mende 739ᵐ, St-Flour 883ᵐ. Dans la zone supérieure, qui est celle des sommets, on ne rencontre d'autres chefs-lieux que Murat à 1070ᵐ et Florac à 1183ᵐ (2).

Les chiffres de la première zone n'ont de signification que si on les compare à ceux que fournissent les villes des plaines environnantes. Lyon est, dans sa partie la plus basse, à 170ᵐ au dessus

(1) 750ᵐ seulement, d'après quelques géographes.
(2) Il n'y a, à notre connaissance, que la *Géographie* de M. Foncin (3ᵉ année, p. 4 et 5) et l'*Atlas* Schrader (carte hypsométrique n° 11) qui indiquent clairement ces trois zones.

du niveau de la mer, Nevers est entre 176ᵐ et 138ᵐ, Bourges entre 130ᵐ et 160ᵐ; Châteauroux est à 158ᵐ, Angoulême à 96ᵐ, Agen à 43ᵐ, Montauban à 97ᵐ, Toulouse à 190ᵐ. C'est à dessein que nous citons la cote des centres de population plutôt que celle des montagnes inhabitées ; car c'est l'homme bien plus que la nature que nous entendons étudier dans ce livre.

Dans son ensemble, le M. I. s'incline vers le N.-O. Mais cette orientation moyenne, vraie au point de vue géographique, est annulée dans l'histoire par ce fait que les vallées de la haute Loire et de l'Allier descendent directement vers le nord par un talus incliné, de près de 160 kilomètres, — de la même manière que les Causses du Quercy et du Rouergue vers la plaine aquitanique. C'est dans cette direction également, c'est-à-dire vers l'ouest, que s'ouvrent les vallées de la Vienne supérieure, de la Dordogne, du Lot, du Tarn. La recherche de l'orientation doit donc faire place à la considération des versants.

La position géographique du Massif ainsi connue, la détermination de sa position astronomique, c'est-à-dire des longitudes et des latitudes extrêmes, est chose assez oiseuse, car nulle part ses limites ne se profilent en ligne droite. Il est plus essentiel à l'intelligence de notre sujet de constater que le Massif intérieur appartient tout entier à cette moitié méridionale de la France où prépondèrent les montagnes et les vallées. Ce renflement de l'écorce terrestre est symétrique à celui des Alpes et à celui des Pyrénées. Il fait face par deux côtés aux contreforts alpestres du Dauphiné et aux contreforts pyrénéens du Roussillon. Il constitue en somme l'une des cinq régions que la nature a si nettement dessinées dans la France méridionale : trois de montagnes, nous venons de les nommer : deux de plaines, qui sont la Guyenne, de la Garonne à la Charente : le Bas-Languedoc et son prolongement : l'étroite vallée du Rhône. La France septentrionale a été moins généreusement dotée.

3

Les chaînes de montagnes constituent la structure verticale d'un pays, comme les vallées, les plateaux et les plaines, sa structure horizontale. Cette manière d'envisager les unes et les autres a le mérite de se lier plus intimement avec le point de vue historique, puisque les plans verticaux font obstacle aux communications des hommes tandis que les plans horizontaux les favorisent. Nous nous garderons bien cependant d'appliquer cette méthode dans toute sa rigueur, et nous considérerons les plateaux du Massif comme l'un des aspects que fournissent les causses, les plaines comme un élargissement naturel des vallées.

Le massif montagneux que nous étudions n'est point isolé dans l'intérieur de la France comme l'est une île au milieu de l'Océan. Il est une dépendance de la ligne de partage des eaux de l'Europe et se raccorde ainsi, d'une part, aux Pyrénées par les Corbières, de l'autre, aux Alpes par les monts de Bourgogne et du Jura.

Dans la partie qui adhère au Massif, cette ligne de partage s'appelle les Cévennes, d'un mot celtique signifiant les crêtes. Par convention, les Cévennes ne se confondent point avec le Massif intérieur: mais elles lui appartiennent si bien par droit de nature, elles projettent tant de chaînons et envoient tant de cours d'eau au nord et à l'ouest, qu'il est nécessaire d'en connaître la configuration. D'ailleurs, aux deux derniers siècles, dans la langue administrative, le nom de Cévennes s'appliquait à la fois au Gévaudan, au Velay, au Vivarais (1). Or deux de ces provinces rentrent dans le domaine que nous avons choisi.

Géographiquement les Cévennes désignent un long bourrelet de granit qui, depuis la coupure de Monchabin jusqu'au col de Naurouse, mesure 440 kil. (2). C'est à peu près la longueur des Pyrénées françaises. L'aspect en est fort différent, suivant le point d'où on les regarde. Vues de la vallée du Rhône ou des plaines du Languedoc, elles produisent, par leur émergement subit, l'effet d'une formidable muraille (3). De Lyon à Montbrison, de Privas au Puy, la transition est brusque. Au contraire, c'est par terrasses successives qu'on s'élève des bords de la haute Loire ou du Tarn à la ligne de faîte des Cévennes. La hauteur de cette ligne se devinerait à peine, bien qu'elle soit en moyenne de 300^m, si elle n'était de place en place subitement accentuée par les saillies du mont Pilat (1434^m), du

---

(1) Dom Vaissète, *Hist. du Languedoc*, nouv. édition. Cependant l'abbé Longuerue (*Descript. de la France*, 1732, p. 263) lui donne une étendue un peu différente : « Aujourd'hui on entend par le pays des Cévennes le nouveau diocèse d'Alais situé dans ces montagnes, avec une partie des diocèses de Mende et d'Usez. »

(2) 530 kil. d'après M. Levasseur, *ouv. cité*, 2, 92. Mais c'est là évidemment une erreur typographique pour 430.

(3) Elles tombent en effet presque à pic sur la vallée du Rhône, comme les Alpes elles-mêmes. Preuve que la vallée du Rhône (comme celle du Rhin, où le même phénomène se constate à l'égard des Vosges et de la Forêt noire) a servi de déversoir au grand lac qui couvrait la Suisse aux temps antédiluviens.

Mézenc (1754^m), de la Lozère (1702^m), de l'Aigoual (1567^m), qui ressemblent à de gigantesques créneaux.

C'est aux sommets de ces hauts monts, dans le silence de la nature et l'immobilité de toutes choses, que le touriste rencontrerait, s'il le voulait, la poésie de notre Massif et son imposante grandeur, — et non pas à Vichy ni à Royat, villes de valétudinaires éteints et de passants ennuyés. C'est sur le mont Mézenc que..... Mais à quoi bon le dire? à quoi bon montrer le chemin? *Sine mundum radere sicut radit.*

Assez peu épais à chacune de ses extrémités, où il mesure seulement de 30 à 40 kilomètres de largeur, le bourrelet cévenol prend sensiblement du corps dès qu'on approche de son point médian. Au mont Lozère, qui est le nœud de tout le système orographique du Massif intérieur, on est en présence d'une masse granitique, aride et décharnée, de 300 kilomètres carrés. Région terrible par sa nudité et sa solitude, au dire des voyageurs, mais région bienfaisante par les cours d'eau qu'elle laisse échapper : la Loire, l'Allier, le Lot, le Tarn. Aucune ville digne de ce nom n'a pu trouver assiette en ces quartiers : Mende n'a pas 10,000 habitants. Même dans la vallée de l'Allier, si fréquentée au moyen âge, il faut descendre jusqu'à Brioude pour rencontrer une agglomération de 5,000 âmes. Si Le Puy compte aujourd'hui 20,000 habitants, c'est grâce surtout au pèlerinage fameux qui a fait de cette ville, depuis des siècles, un centre d'attraction pour les croyants.

Sur le mont Lozère, écrit M. Elisée Reclus, « le manque de bien-être est tel qu'on ne peut y vivre qu'à l'état de barbarie..... Les plateaux qui s'étendent au nord du Lot [supérieur] sont parmi les contrées les plus monotones, les plus tristes qu'il y ait en Europe ». Et cependant, pas plus que le cirque du Cantal, le mont Lozère n'a pris dans l'imagination populaire le sombre aspect du Vivarais et du Morvan, ces deux promontoires du Massif intérieur. Au dire de Dupin ainé, qui n'était pas un superstitieux, le Morvan, dépourvu de routes, était au XVIIIe siècle « une impasse, une sorte d'épouvantail pour le froid, la neige, les aspérités du sol, la sauvagerie des habitants : un vrai pays de loups » (1). Les Cévennes n'avaient point si noire réputation.

Au nord de la Lozère se dresse le pic du Mézenc qui, sur l'un de ses versants, donne naissance à la Loire. Cet ancien foyer d'éruptions volcaniques a aujourd'hui l'aspect reposé et calme d'un géant réduit à l'impuissance. Historiquement, il appartient pour moitié au

---

(1) Cité par Boiteau, *État de la France* en 1789, 2e édit., p. 530.

Vivarais et au Velay, c'est-à-dire aux départements de l'Ardèche et de la Haute-Loire.

Au sud du mont Lozère s'élève l'Aigoual, le plus visité des quatre grands pics des Cévennes. Son versant septentrional a été occupé par les populations du Gévaudan, le méridional par celles du bas Languedoc. Le naturaliste allemand Etienne Strobelberger, qui avait étudié à Montpellier, le décrit comme suit, dans un ouvrage publié à Iéna en 1620 : *Mons amœnus, celsus, herbarum lectiorum feracissimus, obyne hanc ipsam causam magni nominis, hortus nempe Dei, l'hort Dieu, a botanicis appellatus* (1).

Situé en plein Lyonnais, le Pilat n'offre point tant d'agréments. Comme il domine trois des vallons les plus industrieux et les plus peuplés de cette province — celui du Furens avec Saint-Etienne, celui de la Déôme avec Annonay et celui du Gier avec Rive-de-Gier — la main de l'homme s'y est posée pour en barrer les gorges et en retenir les eaux afin de subvenir aux besoins de l'industrie (2).

Sur les flancs de la montagne Noire, on rencontre aussi, grâce à l'industrie humaine, de vastes réservoirs qui captent les eaux des plateaux supérieurs et alimentent ainsi dans les temps de sécheresse le canal du Midi. A l'autre bout des Cévennes il n'a point fallu moins de peine pour alimenter le canal du Centre. La nature a donné les eaux en abondance : mais c'est l'homme qui les a fait servir à ses besoins.

Si l'on a pu tracer ces deux canaux, c'est qu'à leurs deux extrémités les Cévennes perdent de leur relief et vont s'affaissant. Elles ressemblent alors aux plus hautes collines du Limousin. Cependant elles forment encore obstacle aux vents du sud et de l'est ; elles interrompent même suffisamment les communications des hommes pour que les ingénieurs aient longtemps hésité à jeter leurs routes par dessus ces sommets. Ils y sont parvenus cependant. Mais pour les chemins de fer ils ont tout d'abord utilisé les grandes coupures naturelles qui existent à la hauteur de Revel et du Creusot, ou bien les petites dépressions de la chaîne (cols du Pas-de-l'Ane, de la Bastide, de Montpaon) quand il a fallu gagner directement Lyon, Nîmes ou Cette.

Les Cévennes septentrionales sont désignées, suivant les endroits, par le nom des provinces qu'elles traversent : monts du Vivarais, du Lyonnais, du Beaujolais, etc. Au contraire, les Cévennes méridionales, les vraies Cévennes pour le géologue et le géographe, portent des noms beaucoup plus significatifs : montagne Noire,

---

(1) *Galliæ politico-medica descriptio*, citée par M. L. Malavialle.
(2) Caffarel, art. cité, p. 130.

monts de l'Espinouse, monts Garrigues. Le dernier est tiré d'un terme local, *garrus*, qui désigne des taillis de chênes verts.

Si la chaîne de l'Hémus a été pour les Grecs « un épais et large écran qui arrêtait tous les bruits et qui interceptait la vue », on ne saurait en dire autant des Cévennes pour les populations du Massif. Celles-ci, soit par le Lyonnais, soit par l'Albigeois, ont toujours perçu le brouhaha des peuples en marche qui défilaient dans la vallée du Rhône ou dans la plaine du Languedoc. C'est aussi par ces deux extrémités qu'elles sont tout d'abord entrées en contact avec le monde romain. Jamais la ligne de faîte des Cévennes n'a servi sur toute sa longueur de limite historique : les Ségusiaves en ont occupé les deux versants; les Helviens l'ont franchie dans la direction de l'ouest, les Gabales dans celle de l'est, les Romains de la Narbonnaise dans celle du nord. Au moyen âge, Toulouse, Montpellier, Nîmes ont étendu par dessus les Cévennes leurs ressorts administratifs. Aujourd'hui encore les départements du Rhône, de l'Ardèche, du Gard, de l'Hérault débordent en deçà, les départements de la Loire et de la Lozère au delà de cette prétendue barrière.

∴

Des Cévennes centrales se détache, au mont Lozère, une longue chaîne qui court diagonalement à travers le Massif jusqu'à l'embouchure de la Loire et partage notre région en deux versants à peu près égaux. Ce « haut entreject de montagnes » est bien connu des géographes comme ligne de partage des affluents de la Loire et de la Garonne. Il nous intéresse d'abord comme ligne de faîte, dont les fortes saillies et les annexes de l'ouest déterminent une sous-région isolante, sur laquelle nous reviendrons tout à l'heure. Il est interrompu sur un point par une vallée étroite, celle de la Sioule et de ses affluents, que ni les géographes ni les historiens ne nous semblent avoir jusqu'ici convenablement appréciée (1). Moins importante que la fameuse *Trouée du Poitou* dans la plaine aquitanique, elle l'est plus que la *Percée du Lioran*, dont parlent tous les géographes. La Sioule descend en effet des pentes occidentales des monts Dômes (non loin de l'endroit où naît la Dordogne pour prendre une direction opposée) et va se perdre à l'est dans l'Allier, au-dessous de Vichy. Encaissée entre les collines de Combraille et les dernières terrasses des monts d'Auvergne, sa vallée

---

(1) Voir pourtant la grande carte oro-hydrographique de la France par Erhard (1876).

supérieure se relie, par-dessus un faible chaînon, à la vallée supérieure de la Dordogne. Les châteaux-forts dont ces deux vallées sont semées — Rochefort, Pontgibaud, Châteauneuf, Ebreuil, d'une part ; Herment, La Tour d'Auvergne, Ventadour, d'autre part — laissent deviner qu'elles servaient au moyen âge de passage, le seul praticable, à vrai dire, entre les deux versants des monts d'Auvergne. Routes ordinaires et routes ferrées s'y faufilent aujourd'hui sans trop de peine, en attendant qu'on y creuse le canal qui reliera la Loire à la Garonne par l'Allier et la Dordogne.

La ligne de faîte du M. I. forme d'abord, sous le nom de Margeride, une muraille de 50 kil. de longueur. Vue des monts d'Aubrac, elle est d'aspect imposant. C'est la principale nervure du Gévaudan, continuée par la Planèze, étroit plateau de 1000^m d'altitude, triste et laid, quoique fertile. Par ce chaînon de la Planèze, les monts de la Margeride sont reliés au monts d'Auvergne qui courent résolument vers le nord jusqu'à Gannat, sur une longueur de 80 kil. Le col des Gouttes, entre le puy de la Nachère et le puy de Dôme, n'est qu'une dépression assez faible, par-dessus laquelle on a jeté la route de Clermont à Limoges.

D'aspect si simple et si uniforme sur les cartes d'il y a vingt-cinq ans, la Margeride et les monts d'Auvergne sont en réalité des plus accidentés, tant y est grand le nombre des puys et des cratères. Aussi ne se prêteraient-ils pas à la construction d'une route continue telle que le célèbre *Rennwey* qui suit dans toute sa longueur le faîte des monts de Thuringe.

Chose singulière, cette haute et longue ligne de séparation des eaux n'a jamais été une ligne de partage des populations. Aujourd'hui encore, elle traverse quatre départements sans en borner totalement un seul : elle ne sépare ceux de la Haute-Loire et de la Lozère que sur une faible étendue de 30 kilomètres.

Considérés dans leur ensemble les monts de la Margeride et d'Auvergne appartiennent donc historiquement aux deux versants de notre région. Ils donnent à la plaine aquitanique sa plus grosse rivière, la Dordogne : à la Loire son principal affluent, l'Allier ; au Massif, son plus haut piton, le Puy de Sancy. Enfin ils forment la bordure d'une sous-région, montagneuse par excellence, sur laquelle il convient de s'arrêter un instant.

En avant de la Margeride et des monts d'Auvergne se dressent, en effet, trois massifs considérables : celui de la Lozère et des grands causses amoncelés au pied de sa pente occidentale ; puis les monts d'Aubrac et enfin le cirque du Cantal, séparés l'un de l'autre par l'étroite vallée de la Truyère. Sur une longueur de 70 kilomètres cette sous-région mesure au sud (si on l'étend jusqu'aux monts de

Lacaune) 140 kilomètres de largeur; au nord elle n'en a plus guère que 60. Elle constitue aux yeux de l'historien, sur une superficie d'environ 10,000 kil. carrés, une contrée isolante, un véritable obstacle aux communications de l'ouest avec l'est, des vallées du Tarn et du Lot avec celle de l'Allier. Aussi les départements de la Lozère et du Cantal, qui correspondent aujourd'hui à la presque totalité de cette contrée, sont-ils parmi les moins traversés de France, les moins soumis à l'influence des grandes voies historiques. Nous avons décrit tout-à-l'heure le massif de la Lozère. Passons aux deux autres.

Sur un soubassement granitique, les monts d'Aubrac s'élèvent jusqu'à 1,471^m. Ils ont pour revêtement un amas de laves recouvert aujourd'hui de frais pâturages où paissent d'innombrables troupeaux. Limités presque de tous côtés par le Lot et la Truyère, ils se partagent historiquement entre trois provinces : le Gévaudan, le Rouergue et l'Auvergne, ou, si l'on veut, entre trois départements correspondants : ceux de la Lozère, de l'Aveyron et du Cantal. Le Gévaudan a eu sur ces monts sa capitale primitive, Javols, et plus tard sa principale ville après Mende, Marvejols. L'arrondissement de Marvejols couvre aujourd'hui et déborde même, à l'est et au sud, la partie des monts d'Aubrac qui relève du Gévaudan.

Le Rouergue a transmis à l'arrondissement d'Espalion la place qu'il occupait à l'ouest des monts d'Aubrac. Les chefs-lieux de canton entre lesquels se subdivise cet arrondissement ne disent rien à l'historien, sauf Entraygues qui, au confluent de la Truyère et du Lot, est censé marquer le point où cette dernière rivière devient navigable.

Quant à l'Auvergne, qui occupe le reste de ces monts, elle n'a jamais possédé qu'une localité intéressante : Chaudesaigues. Ce versant, tourné vers le nord, est le moins peuplé et le moins étendu des trois. Il ressortit présentement à l'arrondissement de St-Flour.

Encore aujourd'hui couverts de forêts, les monts d'Aubrac étaient au XIe siècle, par surcroît, infestés de brigands. Ils se sont peu à peu ouverts à la civilisation et à la culture sous les efforts séculaires des moines de la célèbre dômerie d'Aubrac, qui s'élevait au voisinage du point où confrontent le Rouergue, le Gévaudan et l'Auvergne.

Le cirque du Cantal est tout autre chose. Les géologues le considèrent comme l'orifice principal de l'éruption souterraine qui a donné à la Haute-Auvergne sa configuration extérieure. Avec ses dépendances, cette région mesure 70 kilomètres de longueur sur 50 de largeur. Au centre était jadis « un immense cône régulier, très élevé. Aujourd'hui nous n'apercevons plus que ses ruines. Le sommet du cône s'est peu à peu éboulé dans le cratère et les dentelures résultant de ce déchirement forment un groupe de pics rangés en cercle » (1). Ces pics s'appellent en Auvergne, comme dans tout le Massif intérieur, des *puys* (du latin *podium*, qui signifie éminence (2). Le puy Griou, qui mesure encore 1,694 mètres, est à peu près au centre du cratère, à égale distance d'Argentat sur la Dordogne et de Langeac sur l'Allier. Le plomb du Cantal, beaucoup plus connu parce qu'il est plus élevé (1,858 mètres), n'est qu'un des pics de ce groupe circulaire.

Sur les pentes de ce gigantesque volcan, les torrents « ont creusé seize grandes vallées rectilignes disposées comme les rayons d'une étoile dont le cratère serait le centre ». Il en résulte que toute cette contrée, si fraîche dans ses vallées, si pittoresque et si grandiose dans son ensemble, est inégale, rugueuse, malaisée, et, comme le massif de la Lozère, défavorable aux grandes agglomérations d'hommes. Murat ne compte guère que 3,000 habitants ; Aurillac, assis à l'extrémité d'une plaine fort bien abritée, n'a pas 20,000 âmes. Dans la vallée de la Cère, à la limite du cirque, le railway d'Aurillac à Martel traverse, sur une longueur de 15 kilomètres, une douzaine de tunnels avant d'entrer en Quercy. Mêmes obstacles si l'on cherche issue du côté de Riom-ès-Monts. Le département du Cantal, dont la superficie n'est que légèrement supérieure à celle du département de la Lozère, a une population beaucoup plus considérable (3), en raison sans doute de sa moindre altitude.

Anticipant sur la description que nous ferons plus tard de la vallée de l'Allier et de son rôle comme voie de passage, nous pouvons dire que ce n'est pas du nord au sud, comme on l'a affirmé, mais de l'ouest à l'est (et inversement) que le Massif s'interpose aux relations des provinces environnantes. Rodez communique plus difficilement avec Valence, et Toulouse avec Lyon que Bourges avec Nîmes. La Margeride, avec ses avant-postes, forme une première barrière, derrière laquelle (la vallée de l'Allier une fois franchie) on trouve celle des monts du Velay. Ce second obstacle surmonté et la vallée de la haute Loire dépassée, on se heurte aux Cévennes septentrionales qui, à la hauteur du Lyonnais, n'offrent qu'un petit nombre de dépressions. Si encore aujourd'hui le piéton vient difficiµ-

(1) Voy. B. Rames, *Géogénie du Cantal*, 1875.
(2) *Puy* ou *Puech*, *Peuch* dans le midi, ou encore *Peu* dans la Marche et le Berry.
(3) Cantal : 5,741 k. c.: 239,601 âmes ; alt. moy., 800 m.
Lozère : 5,170 k. c.; 135,527 âmes ; alt. moy., 1,000 m.

lement à bout de tant d'obstacles, qu'était-ce au XVIII° siècle, avant l'ouverture des premières routes royales qui aient sillonné cette contrée ?

De l'un à l'autre versant du Massif, la nature n'a pas mieux favorisé les communications. Les collines du Limousin, pour commencer par elles, n'offrent pas le moindre col. Si néanmoins les voies ferrées les franchissent sans trop de peine par des rampes insensibles qui atteignent leur point culminant entre Saint-Yrieix et Masseré, il n'en est pas de même à l'égard des monts d'Auvergne. Récemment encore, la voie ferrée de Limoges à Clermont a dû contourner les monts Dômes par le nord en suivant d'abord la vallée de la Sioule (appelée quelquefois col de Combraille), qui d'Ussel se dirige vers Riom le long des monts Dore. C'est là le seul passage ouvert entre les deux versants : car le col de la Pierre-Plantée, par où passe dans la Planèze la route de Toulouse à Lyon, est à 1,263 mètres. Quant au cirque du Cantal, c'est par une suite de cols abrupts et resserrés à 1,276 mètres, au pied du mont Lioran, qu'il permet les relations entre la haute et la basse Auvergne, d'Aurillac à Brioude ou à Issoire par Murat. Mais ni la vallée de la Sioule, ni la percée du Lioran ne sauraient suffire à tous les besoins. Aussi verrons-nous plus tard qu'il a fallu construire partout des routes en lacet pour franchir les monts d'Auvergne et de la Margeride, en utilisant les rares dépressions existantes, — ou encore des tranchées souterraines quand l'altitude était trop considérable.

Au-delà de la vallée de la Sioule, la ligne de faîte du Massif reprend par les collines de Combraille (1) et les monts du Limousin qui, derrière Gannat et Ussel, décrivent un vaste demi-cercle présentant au nord sa concavité et sa plus grande déclivité. Cette nouvelle chaîne a son nœud au plateau des Millevaches. De ce plateau, flanqué de hauts monts (Besson, Féniers, Châteauvert, Audouze, Gargan), partent deux autres chaînons : les Monédières qui, par une série de terrasses parallèles, couvrent le nord du Bas-Limousin, — et les monts de la Marche qui tournent le dos aux collines de Combraille. Il est donc malaisé, à première vue, de dire de quel côté la nature a orienté le Limousin. En somme, c'est vers l'ouest.

(1) Il n'est point exact de dire que « les collines de Combraille ont gardé le nom des anciens Cambiovicenses » (*E. Reclus*). Il n'est pas même certain que le nom de ceux-ci se retrouve, comme on l'a aussi prétendu, dans Chambon, ancienne capitale de cette région. — Il y a un hameau de Combraille dans le canton de Chambon et un bourg de Combraille dans le canton de Pontaumur. L'un ou l'autre a pu, par des raisons aujourd'hui ignorées, donner son nom au pays.

Mais la réponse à cette question est mieux fournie par l'histoire que par la géographie.

Entre les Cévennes et la ligne de faîte que nous venons de décrire, le versant oriental de notre Massif n'est pas sans montagnes. La chaîne du Velay prend naissance au mont Mézenc, conserve une altitude moyenne de 1000 m. et, sous le nom de monts du Forez, se prolonge assez avant dans la direction du nord entre la Loire et l'Allier. De temps immémorial elle sépare le Lyonnais de l'Auvergne et aujourd'hui le département de la Loire de celui du Puy-de-Dôme (1). Ses cimes culminantes sont à gauche de Montbrison, où la Pierre-Surhaute atteint 1,640 m. Le col de Noirétable, que franchit le chemin de fer de Clermont à Lyon, est encore à 754 m. Mais la chaîne décroît bientôt rapidement jusqu'à 500 m. et s'affaisse, à 160 kil. de son point de départ, sous le nom de monts de la Madeleine en plein Bourbonnais, non loin de La Palisse. Comme la Loire et l'Allier qui coulent parallèlement à cette chaîne, les populations du Velay, du Forez et de la Basse-Auvergne, sont naturellement portées vers le nord. A partir de St-Etienne et Brioude, la route est pour elles sans obstacles.

Quant au versant occidental du Massif, il n'est traversé par aucune chaîne vraiment considérable. Cependant, entre les monts Garrigues et les monts de l'Espinousse, les Cévennes méridionales projettent vers le nord un rameau, les monts de Lacaune, qui s'étend jusqu'aux sources de l'Aveyron. Subitement renflé entre le Tarn et l'Aveyron sous le nom de Lévezou, il présente alors quelques cimes de 1,000 et 1,100 mètres. Dans son ensemble ce rameau, de 70 kil. de longueur, peut être considéré comme le mur de soutènement des grands causses du Rouergue.

．．

Dans la zone montagneuse d'où descendent la Loire, l'Allier, la Vienne, la Dordogne, le Lot, le Tarn, il faut distinguer la région granitique du Limousin, où les sources jaillissent à chaque pas en d'innombrables ruisseaux, et la région volcanique de l'Auvergne, du Velay, du Vivarais, où les géologues ont constaté l'existence de plus de trois cents cratères (2). De ces volcans éteints, le plus impor-

(1) Cependant une partie des cantons de St-Anthème et Viverols (Puy-de-Dôme) appartient géographiquement au bassin de la Loire et non à celui de l'Allier.

(2) Pour atteindre ce chiffre il faut mettre sur la même ligne les grands et les petits volcans. Les grands ne sont guère qu'au nombre d'une centaine.

tant à l'origine, le plus curieux dans son état actuel, c'est le cirque du Cantal que nous avons sommairement décrit tout à l'heure. En Forez, en Rouergue, les feux souterrains paraissent agir encore (1). En réalité les flammes que l'on voit s'élever de terre sur certains points, durant la nuit, proviennent des masses de houille en combustion, que les paysans appellent des montagnes de feu.

Dans la formation de la zone montagneuse, la science a reconnu deux phases volcaniques bien distinctes : l'une, correspondant à la période miocène, a été relativement courte ; l'autre, qui a débuté à la fin de la même période, s'est prolongée fort avant dans la suivante. Toutes deux ont laissé partout des traces. Les curieux dykes du Puy-en-Velay ne sont, comme tant d'autres moins remarquables, que des blocs projetés par quelque volcan voisin. Au moyen âge tous ces pics étaient couverts de sanctuaires, de châteaux-forts. Ils servaient de buts aux pèlerins et de refuges aux populations, à moins qu'ils ne tinssent lieu de repaires aux brigands. Certains traits de l'histoire ecclésiastique et militaire de la France du Massif s'expliquent en partie par cette configuration du sol.

Il y a dans la zone montagneuse une autre particularité de structure connue en Bourbonnais, en Auvergne, en Limousin, en Velay et même en Vivarais, sous le nom d'orgues basaltiques. Cette structure est le résultat de déchirements de la croûte granitique dans le sens vertical. Ces déchirements, interrompant subitement quelques plateaux de moyenne étendue, laissent voir une série de coulées de lave qui, de loin, produisent l'effet de gigantesques tuyaux d'orgues.

Si du sud-ouest de notre Massif on passe directement au nord-est, ce qu'on rencontre tout d'abord au-delà d'Albi, derrière les monts de Lacaune, ce sont les causses. Ils s'adossent aux Cévennes méridionales, puis s'étendent à travers le Rouergue, le Gévaudan, le Quercy jusqu'à la moyenne Dordogne, dans la direction de Martel, couvrant environ 3,000 kilom. carrés (2). Ces causses sont d'énormes plateaux calcaires, d'une altitude moyenne de 1000^m, que les gens du pays rangent sous deux dénominations : les *frumentals* qui produisent du froment, et les *segalas* qui ne portent que du seigle parce que la chaux du sous-sol est mélangée de gneiss et de schiste. La nature des causses, leur structure interne, leurs exca-

---

(1) Les « étouffis » du mont Dore sont un autre phénomène provenant d'une action souterraine, et qui a ses analogues en Italie.

(2) Les causses, d'ailleurs fort exigus, que l'on rencontre aussi sur le revers des Cévennes, dans les départements de l'Ardèche, du Gard et de l'Hérault, ne peuvent qu'être mentionnés ici.

vations mystérieuses, leurs *tindouls* ou *arens* (1), dus à la lente et irrésistible action des eaux, ne sont connus que depuis peu d'années, grâce à de hardis explorateurs qui en ont affronté les périls. Carnus et Bosc, à la fin du XVIIIe siècle, en ont deviné l'intérêt, mais rien de plus (2). Nous ne nous laisserons pas aller à décrire ici les spectacles enchanteurs qu'ils recèlent : d'autres l'ont fait à meilleur droit que nous. Les réalités qu'a vues M. Martel dépassent souvent les fantaisies des romans de Jules Verne. A la surface, au contraire, où il y a toujours disette d'eau, quoique la base soit largement abreuvée, il n'y a guère place pour l'admiration. « Absolument plane, impropre à la végétation arborescente », n'offrant « rien que des fleurs au printemps, de l'herbe en été, de la neige en automne et en hiver » (3), cette région de hauts plateaux présenterait le plus monotone des spectacles si elle ne s'était sectionnée, sous l'effort séculaire des eaux, en îlots séparés aujourd'hui par des rivières torrentueuses qui circulent dans des gorges profondes. Tels, au sud-est de Millau, le causse de Larzac (1,450 kil. c., 800m d'alt.), où l'on peut errer pendant plusieurs heures sans rencontrer la moindre habitation humaine ; — puis, au nord-est de Millau, le causse Noir (150 kil. c., 825m d'alt.) où se trouve ce fantastique amas de ruines naturelles découvert en 1883 par M. de Malafosse, et qu'on appelle Montpellier-le-Vieux ; — plus haut, à l'ouest de Florac, ou si l'on aime mieux entre le Tarn et les Cévennes, le causse Méjean, c'est-à-dire le causse du Milieu (400 kil. c., 1,000m d'alt.), rattaché aux Cévennes par un isthme

---

(1) On appelle de ce nom des sortes de puits par où s'engloutissent les eaux pluviales de la surface. Suivant les pays, ces puits portent encore d'autres noms : *igues, abîmes, gouffres, cloups, barrancas, embucs, boistout, cabas, anselmoirs, scialets, bétoires, fontis, ragagés* (Malavialle, art. cité, p. 42). Il y a pour la géographie de cette région toute une terminologie locale qui a devancé celle des explorateurs : *caous* (= causses), *lacognes* (= citernes), *ratcks* (= gouffres), *planiols* (= lacs), etc.

(2) Thévet en parle déjà dans sa *Cosmographie universelle*, 1571, I, liv. XIV, p. 527), dans des termes qui méritent d'être rapportés. « En ce même pays [de Rouergue] se voit en outre, près du lieu de Lavayssière, un gouffre nommé par ceux du pays *tindoul*, fort profond et hideux à regarder, ayant 60 pas d'ouverture et plus de 200 de profondeur, à côté duquel est un autre trou dont on ne peut comprendre ni trouver la profondeur. Ce gouffre est taillé en roche, et y entrent les corbeaux, corneilles, pies et pigeons qui font un bruit étrange... » — Cf. l'abbé COULON, *les Rivières de France*, 1644, I, 496.

(3) Ici et plus loin, nous empruntons quelques traits de notre description à MM. E. Reclus et P. Joanne.

étroit, tout comme le Péloponèse est rattaché au continent par l'isthme de Corinthe. Sur ce causse vivent tranquilles, loin des bruits du monde, deux mille paysans répartis entre treize communes ; — enfin, plus au nord, entre le Tarn et le Lot, le causse de Sauveterre (600 kil. c., 900^m d'alt.), avec ses puits sans nombre par où s'engouffrent les pluies diluviennes qui donnent naissance aux sources de la périphérie.

Ce sont là les quatre grands causses : les deux premiers sont situés en Rouergue, les deux autres en Gévaudan. Plus haut, au voisinage de Mende, on rencontre le petit causse de ce nom ; — puis au nord-est de Rodez, coupés par l'Aveyron et ses affluents, les petits causses de Concourés, Séverac, Lévezac et Ségalas ; — plus loin, à l'ouest de Rodez, entre l'Aveyron et le Lot, ceux de Villefranche, de Montbazens et du Centre ; — enfin, entre le Lot et la Dordogne, les causses du Quercy avec leur curieux pèlerinage de Rocamadour.

Les causses sont considérés comme une dépendance des Cévennes. Il serait plus exact de les regarder, en raison de leur position, comme une dépendance, une avant scène, si l'on veut, de la région montagneuse que nous avons reconnue en avant de la Margeride. Ce qui importe davantage à l'historien, c'est que les quatre grands causses sont à peu près inhabités. Les agglomérations un peu considérables (comme Florac et Milhau, qui sont chefs-lieux d'arrondissements, comme Ste Enimie, Peyreleau, Meyrueis, qui sont chefs-lieux de cantons) sont assises à la limite de ces plateaux, dans les étroits ou cagnons (1) du Tarn et de la Jonte. Il y a pourtant une exception à cette règle : Massegros, chef-lieu de canton de l'arrondissement de Florac, est sur le causse de Sauveterre. On y compte 350 habitants disséminés dans un petit nombre de maisons qui sont voûtées en pierre pour mieux résister au poids des neiges.

S'il y a autant de plateaux que de causses dans la partie méridionale du Massif, il y en a fort peu dans le reste de cette région. Le plus étendu se trouve en Limousin : c'est le plateau des Millevaches qui se rattache par ceux de Gentioux et de St Avit aux collines de Combraille. Son nom paraît signifier les mille sources. C'est en effet un pays aquifère par excellence, puisqu'il donne naissance à la Creuse et à la Vienne, affluents de la Loire, à la Vézère et au Chavanon, affluents de la Dordogne, sans compter mille ruisseaux secondaires. Sa population très clairsemée se répartit aujourd'hui entre les deux cantons de Sornac et de Bugeat.

(1) On désigne par ce nom de profonds couloirs, à ciel ouvert, que les eaux se sont creusé au travers d'un causse. Dans le département de la Lozère, l'un de ces étroits mesure près de 500 m. de profondeur.

Le plateau des Millevaches est à peu près stérile. Au contraire celui de la Planèze d'Auvergne donne de riches moissons de seigle et a vu grandir au moins une ville : St Flour. D'une altitude supérieure à celle du précédent, le plateau de la Planèze (environ 1,000 m.) est tout entier orienté vers le midi.

. .

L'isolement des causses et la divergence des chaînes de montagnes déterminent d'une façon naturelle les principales vallées du Massif intérieur. Nommer celles-ci, c'est nommer les rivières qui les sillonnent et qui servent à les désigner. Nous y viendrons tout à l'heure. Présentement nous nous bornerons à dire que les vallées qui s'ouvrent vers l'ouest, sont le plus souvent étroites et sinueuses, en sorte qu'elles n'ont pu attirer les grands courants de la circulation publique. Les cagnons du Tarn supérieur, qui ont de sept à huit cents mètres de profondeur sur environ 1,000 mètres de largeur, sont de véritables gorges. Seule la vallée de la Dordogne, dont la largeur varie de 1 à 2 kilomètres en amont de Bergerac, est propice aux charrois. Si les vallées de l'Allier et de la haute Loire sont plus accessibles, ce n'en est pas moins un peu contre nature qu'elles ont servi de passage du nord au midi, puisqu'elles aboutissent à une sorte de haute courtine dont la Lozère et le Mézenc forment les bastions. Il est vrai qu'elles présentent l'une et l'autre des entrées si séduisantes, que le voyageur venu du nord est comme sollicité de chercher par là issue vers le midi.

Dans la vallée de l'Allier, en effet, on ne rejoint guère la montagne qu'à partir de Langeac, à environ 25 kil. au sud de Brioude, facile encore et point redoutable. Mais bientôt les bosses et les trous se multiplient, les contreforts serrent la rivière de plus près et forment de véritables obstacles qu'il faut pourtant franchir si l'on ne veut revenir sur ses pas. On n'en sort que péniblement par le col de l'Argentière qui s'abaisse rapidement jusqu'au Rhône, ou par les gorges du Gardon qui ne sont guère plus praticables.

Néanmoins cette vallée de l'Allier nous occupera plus tard d'une manière toute spéciale comme artère principale du transit des hommes et des marchandises à travers le Massif. Pourvue dès le premier siècle de notre ère d'une chaussée qui conduisait à Nîmes, elle fut au Ve siècle la dernière ligne de communication qu'Aétius, qui défendait l'Empire dans le nord de la Gaule, conservât avec la Province. Au moyen-âge, elle a été considérée par la royauté comme le plus sûr chemin pour atteindre le Bas-Languedoc aussi longtemps que la vallée du Rhône est demeurée pays d'Empire.

C'est par cette vallée de l'Allier que les Capétiens ont pris le Languedoc et l'Aquitaine à revers et introduit leur suzeraineté dans le Massif. Aujourd'hui encore, elle est la ligne la plus courte (sinon la plus rapide) entre Paris et Marseille (1).

La vallée de l'Allier n'est pas sans ressemblance avec celle de la Meuse. Toutes deux ont même configuration, étroite et allongée entre deux hautes murailles parallèles qui s'appuient, à leur naissance, sur la principale ligne de partage des eaux de la France. A cela d'ailleurs se borne la similitude, car ces deux vallées ont eu un rôle et une histoire fort différents. Celle de la Meuse a été de bonne heure disputée entre la France et l'Allemagne. Celle de l'Allier, en pleine terre française, n'a point subi tant d'assauts : dès le VI° siècle les Francs du nord s'y établissaient en vainqueurs ; au XIII°, la royauté y semait les premiers sièges de justice et de finance dont elle ait doté l'Auvergne : Riom, Montferrand, Clermont, Issoire, Brioude. Quel contraste présente, à ce double point de vue, la vallée de l'Allier avec celle de la Loire entre les mêmes parallèles !

Et cependant, la vallée de la haute Loire n'est pas moins attrayante quand on l'aborde par le nord : la plaine de Roanne, un instant obstruée par quelques plis de terrain, conduit à celle de Montbrison, large et spacieuse, où les marchands peuvent avancer par caravanes. Mais tant de commodité prend bientôt fin. Au delà de St-Rambert, le mieux est de gagner la vallée de l'Allier. Si l'on s'entête dans celle de la Loire, on peut encore jusqu'au Puy pousser les chariots. Au delà du Puy, il faut, pour franchir les Cévennes, passer par le Monastier, à 815ᵐ d'altitude, ou bien gagner la vallée de l'Ardèche qui n'est rien moins que carrossable, ou bien encore atteindre le point du Rhône le plus accessible, qui est Andance, à quelques lieues d'Annonay, en passant par Yssingeaux. Cette dernière route était fort suivie au XVII° siècle par les marchands du Velay qui commerçaient avec Lyon et la Suisse. Chose plus mémorable, c'est par ces hautes vallées de l'Ardèche et de la Loire, autrement dit par Aubenas, St-Ciergues-ès-Monts, Le Puy et de là Brioude, que César osa franchir les Cévennes, en l'an 702 de Rome, pour prendre les Arvernes à revers.

Les vallées que suivent les autres rivières sont parfois si resserrées, si difficiles, que les grands courants d'est en ouest ont toujours contourné le Massif intérieur. L'affluence d'hommes et

---

(1) La différence kilométrique entre cette ligne et celle de la vallée du Rhône, est d'ailleurs peu considérable. Il y a de Paris à Tarascon 752 kil. par Moulins-Clermont, et 764 kil. par Dijon-Lyon.

de bestiaux que ces vallées menaient des Cévennes sur Toulouse, Bordeaux ou La Rochelle, était relativement peu considérable. Ainsi s'explique que la vallée supérieure de la Vienne, qui mesure cependant plus de cent kilomètres de longueur et qui traverse St-Léonard, Limoges et Saint-Junien, ne possède une route praticable que depuis 1849. Le grand transit entre Lyon-Limoges-La Rochelle, dont nous aurons à nous occuper plus tard, ne suivait qu'accidentellement cette vallée.

Les plaines qui bordent sur quelques points la haute Loire et l'Allier sont peu étendues, même si on les compare à celles qui se rencontrent dans d'autres régions montagneuses. Les deux principales, celles de la Limagne et du Forez, sont des prolongements de la haute plaine du Bourbonnais et représentent, elles aussi, les derniers réservoirs d'eau de notre région, depuis que l'Océan s'en est retiré. Peu à peu la nature a desséché ces deux failles du Massif intérieur et les a laissées au travail de l'homme. Elles comptent aujourd'hui parmi les plus peuplées et les plus fécondes de la région.

Celle de la Limagne rappelle à quelques égards la plaine du haut Weser. Elle est, comme celle-ci, traversée par une rivière de troisième ordre, et enserrée dans de hautes montagnes qui n'ouvrent à la circulation des hommes qu'un étroit défilé vers le nord. Si nous voulions poursuivre la comparaison, nous dirions que la position de Moulins à l'issue de ce défilé rappelle celle de Minden, si bien nommé la *Porte de Westphalie*. Moulins s'est substitué à Bourbon, comme Saint-Etienne à Montbrison, comme Clermont à Riom. C'est là une remarque que nous étendrons plus tard à d'autres villes situées non plus dans la plaine, mais dans la montagne. Il faudra donc demander l'explication de ces substitutions à l'histoire plutôt qu'à la géographie.

Sidoine Apollinaire et, à une date plus rapprochée de nous, l'abbé Coulon en ses *Rivières de France*, nous ont dit les agréments de l'accorte Limagne. Géographes et géologues modernes lui ont découvert toutes sortes de mérites et de fonctions. Déjà nous avons signalé la profusion des villes dans cet évasement de la vallée de l'Allier. C'est assez.

Celle du Forez, située tout entière sur la rive gauche de la Loire, porte Montbrison qui a été, pendant cinq siècles, la capitale de la province, avant de céder devant Saint-Etienne.

La plaine du Bourbonnais se relie directement à celle du Berry et n'en diffère que par son altitude plus grande, son aspect plus riant et la nature de son sous-sol.

À l'autre bout du Massif, l'Agout et le Tarn se réunissent, au-dessous de **Lavaur**, dans une autre et vaste plaine qui, au xviie siècle, passait pour un des plus beaux endroits du Languedoc et des plus fertiles. Un peu plus au nord, l'Aveyron et le Tarn confluent également dans une plaine, beaucoup plus large que la précédente : c'est le Bas-Quercy, où s'élèvent Moissac et Montauban. Mais l'une et l'autre de ces deux sous-régions sont des recoins de la grande plaine aquitanique plutôt que du Massif, quoique certains points voisins de Montauban (la commune de Castanet, par exemple) s'élèvent à 400 mètres et plus d'altitude. Nous pourrions donc les négliger si leur histoire ne les avait, en dépit du voisinage de Toulouse, rattachées de bonne heure au Massif par leurs capitales respectives : Albi et Cahors.

Au milieu des montagnes de l'Auvergne, il faut signaler, plutôt comme une curiosité que comme un type du genre que nous étudions, le petit pays de Livradois qui a pour ville principale Ambert : c'est une sorte de bassin intérieur, à fond de sable, qui tranche par son aspect général sur celui des montagnes environnantes. De même, la jolie plaine où s'élève Brive est, à proprement parler, un carrefour de vallées où confluent la Corrèze et la Vézère.

4

Les météorologistes attribuent au Massif intérieur un climat propre, caractérisé par une température moyenne de 11°, par des hivers prolongés, des étés tempérés, des vents violents, des pluies abondantes, des variations incessantes. Le Lyonnais où la température moyenne est la même, mais où les orages sont fréquents et les neiges abondantes, est rattaché au climat rhodanien. A plus forte raison le Périgord, le Quercy et l'Albigeois, avec leurs hivers doux, leurs étés chauds, quoique supportables, leurs automnes longs, sont-ils classés dans le climat girondin, dont la température moyenne est de 12°. Ces quatre provinces éliminées, il ne reste donc que le Limousin, la Marche, l'Auvergne, le Rouergue, le Gévaudan et le Velay, pour satisfaire à la définition du climat de notre région (1).

Les isothermes moyennes de juillet (de 20° et 22°) passent au

(1) Pour ce sous-chapitre, nous avons consulté la carte n° 63 de l'*Atlas* Vidal-Lablache, et celles de la *Géographie de la France* par Marcel Dubois.

nord et au sud du Massif, l'enserrant ainsi dans la même zone climatérique que la Lorraine et la Bourgogne à l'est, la Guyenne et le Poitou à l'ouest. Au contraire, les isothermes moyennes de janvier, (de 3° et 4°) passent à l'est et à l'ouest, dans le sens du méridien, et placent notre région dans la zone climatérique qui s'étend sur le Berry, l'Orléanais et l'Ile-de-France.

Mais il ne faut pas oublier qu'il y a par tout pays deux climats fort différents : celui des monts et celui des vallées, sans que l'on puisse distinguer par une ligne bien nette le climat chaud du climat froid, le sec de l'humide. Dans nos vallées, c'est l'orientation qui est le principal facteur de la température : or, toutes sont ouvertes soit vers le nord, soit vers l'Océan. Dans nos montagnes, c'est l'altitude qui joue le même rôle, et comme elle est beaucoup plus considérable dans les Cévennes et les monts d'Auvergne qu'ailleurs, c'est là que se rencontrent les neiges et les frimas, les longs hivers et les automnes humides.

Deux autres causes agissent aussi, d'une façon générale, sur le climat du Massif : la latitude qui, variant de deux degrés entre Millau et Gannat, de trois degrés entre Castres et Boussac, assure à certaines parties du Rouergue et de l'Albigeois une température moyenne légèrement supérieure à celle du Haut-Bourbonnais ou de la Haute-Marche : — puis les vents de l'ouest (subsidiairement ceux du nord-ouest et du sud-ouest), qui chassent les vapeurs produites par l'Océan jusque sur le Massif où, déjà condensées, elles se *précipitent* au contact des hautes terrasses.

C'est par ces vents propulseurs, nullement par ses courants d'air chaud, que l'Atlantique influe d'une manière très sensible sur les variations de notre climat. Ces vents, qui soufflent en moyenne 152 jours par an, ne rencontrant aucun obstacle au dessus de la plaine aquitanique, frappent notre Massif avec une violence extrême et font fureur par dessus les monts d'Auvergne jusqu'aux Cévennes. Il faut avoir passé quelques journées de mars à Rodez pour se rendre compte des effets de ce vent sur l'existence des populations, ou bien se rappeler ce que raconte Michelet de son voyage dans les Cévennes : « Parfois vous faites la montée dans une paix profonde. Tout-à-coup, au tournant de la route, un pic isolé se dresse, et c'est l'enfer qui s'ouvre. Le tourbillon vous saisit, vous enserre, vous étourdit de vertige. Le postillon, prévoyant, a dû se lier fortement à son siège pour n'être point précipité aux abimes. J'ai essuyé une de ces tourmentes en entrant dans la Haute-Loire, aux Pradelles, où voulut pourtant reposer Duguesclin » (1).

(1) *Notre France*, 2e édit., p. 132, note.

Les vents du nord ont naturellement aussi une action prolongée dans les vallées ouvertes de la Loire supérieure et de l'Allier. Ceux du sud et de l'est n'en ont guère que sur les versants de la Méditerranée et du Rhône. Du Mézenc à l'Aigoual il y a, comme on l'a si bien dit, un grand carrefour où s'entrebattent les vents et les nuées venus des quatre points cardinaux. Les météorologistes qui viennent d'y établir un observatoire ne pouvaient certes pas choisir un meilleur emplacement.

Les vents de l'ouest et les hauts reliefs du sol sont donc les causes déterminantes du régime des pluies dans notre région. Sous la première de ces deux influences, les pluies d'automne sont les plus fréquentes (32 °/₀ au total), à la différence des régions méditerranéennes où dominent les pluies d'hiver. Sous l'influence du relief des montagnes, la quantité d'eau que reçoit le Massif est supérieure à la moyenne reconnue en France, qui est 0 m. 80 c. par an. Notre région reçoit 1 m de pluie par an, tout comme la Bretagne et le Cotentin, alors que la Sologne n'en reçoit guère que 0 m. 50 c. en moyenne. Cette quantité se répartit d'ailleurs fort inégalement : les plaines du Forez et de la Limagne, les basses terrasses du Bourbonnais, du Périgord, du Quercy et de l'Albigeois participent, que plus que moins, au régime de la Sologne et ne reçoivent pas, en tous cas, au delà de 0 m. 75 c. d'eau par an. Par contre, en Limousin (plateau des Millevaches) et dans la Haute-Auvergne (Cantal et monts Dômes) la moyenne s'élève jusqu'à 1 m. 50 par an ; elle atteint jusqu'à 1 m. 80 sur les dernières hauteurs des Cévennes au voisinage du mont Lozère et du mont Mézenc.

« Le climat, son degré et ses contrastes produisent les sensations habituelles de l'homme et, à la fin, la sensibilité définitive. » Il est malaisé de montrer dans l'histoire les preuves concluantes de cette théorie célèbre, parce qu'à l'influence du climat s'en joignent vingt autres, aussi puissantes. Nous nous contenterons de dire que le climat propre au Massif impose aux populations un vêtement, une nourriture, un habitat, une hygiène particuliers ; que les maladies des voies respiratoires y sont fréquentes ; que les crétins et les goitreux ne sont pas rares dans les régions élevées des départements de la Haute-Loire, du Puy-de-Dôme, de la Lozère, du Cantal, de l'Auvergne et même du Lot. Par contre, il est hors de conteste que les points du Massif où les pluies sont les plus fortes sont précisément ceux d'où sortent nos principales rivières. C'est dire qu'entre le régime des pluies et celui des sources il y a relation de cause à effet. Nous venons de marquer la cause et de mesurer sa puissance : nous allons maintenant étudier les effets.

5

Dans la région où nous fixe notre étude, les eaux ont moins d'importance que les montagnes, au point de vue du rôle historique. Et cependant pour le géographe le Massif intérieur est bien la grande potamie de France. Non point que les pluies abondantes dont il est arrosé produisent une masse d'eau supérieure à celle qui descend des glaciers des Alpes sur le versant français : mais cette masse se subdivise beaucoup plus qu'ailleurs. Elle donne naissance à la Loire, le plus long des fleuves français ; elle envoie à ce fleuve et à la Garonne une multitude d'affluents gros et petits (1).

Ces affluents, qui ne suivent que deux des quatre directions cardinales, comportent d'ailleurs une autre distinction que celle de leurs versants ou de leurs bassins. Les uns, à l'instar des rivières venues des Alpes et des Pyrénées, descendent des montagnes, particulièrement des Cévennes centrales, des monts d'Auvergne, de la Margeride et du plateau des Millevaches. Après les grandes pluies et la fonte des neiges, ils se gonflent subitement, ravagent leurs bords et contribuent aux débordements de la Loire et de la Garonne. Les autres, ceux de la région des causses, jaillissent des profondeurs du sol où ils ont souvent déjà fourni un long cours ; ils y rentrent même quelquefois pour reparaître plus loin, avant de confondre leurs eaux avec celles de la rivière voisine.

A la différence de certaines contrées de l'Allemagne, — la Bohême, la Franconie, la vallée du moyen Rhin, « combinant leurs rivières en un faisceau qui n'a souvent pour s'échapper qu'une issue étroite », — le Massif intérieur disperse ses cours d'eau en éventail, et c'est seulement dans la plaine que ceux-ci affluent aux grands fleuves. Il en résulte une singulière symétrie dans l'hydrographie générale de la France aquitanique. Alors que la partie droite du bassin de la Loire est ordinairement étroite et pauvre en cours d'eau, la partie gauche est fort large et sillonnée, dans le sens général du méridien, par l'Allier, le Cher, la Creuse, l'Indre, la Vienne, et par les

---

(1) Voici une rare preuve de cette abondance. Au hameau du Mas-Aubert (commune de Pageas, canton de Chalus département de la Haute-Vienne), on rencontre sur un espace de 500^m carrés trois ruisseaux : le Gorre qui descend à la Loire par la Vienne, la Tardoire qui afflue à l'Océan par la Charente, et un autre qui gagne la Garonne par la Dronne. Mas-Aubert est à 453^m d'altitude.

mille ruisseaux tremblotants dont ces rivières sont grossies (1).

De même aussi, la moitié gauche du bassin de la Garonne est resserrée et sans grands affluents ; au contraire la moitié droite est très vaste et bien arrosée. C'est là que coulent, dans le sens général des parallèles, la Dordogne, le Lot, l'Aveyron, le Tarn, l'Agout. Quoique nés sous des méridiens bien distincts, la Dordogne et le Lot ont à peu près même longueur de cours parce que la ligne de faite du bassin forme une courbe concentrique à celle de la Garonne.

La symétrie que nous donnons intentionnellement à notre exposé fera sentir la symétrie qui existe réellement dans la nature et qui a eu pour résultat d'ajouter à l'équilibre géographique du Massif un équilibre historique que nous étudierons plus tard. Aujourd'hui encore cet équilibre subsiste : seulement les centres de gravité se sont rapprochés. Il faut les chercher maintenant, nous le prouverons dans un autre chapitre, sur la longue zone qui va de Lyon à La Rochelle par Clermont et Limoges, tandis qu'anciennement ils se répartissaient à la fois sur la moyenne Loire et sur la Garonne.

Toutefois cette symétrie n'est point absolue : il est même indispensable de constater les déviations qu'elle subit pour comprendre comment les rivières n'ont pu être partout les voies les plus courtes d'un point à un autre (2). Le sol est en effet si tourmenté qu'il s'y produit parfois, dans la direction des vallées, de subits changements. Ainsi la Truyère, qui descend du versant occidental de la Margeride, rencontre d'abord les monts d'Aubrac qui l'obligent à couler vers le nord-ouest jusque vers St-Flour ; puis les monts du Cantal, qui la ramènent au sud-est et la conduisent jusqu'au Lot, à une latitude inférieure d'environ 15 minutes à la latitude de la source. Ailleurs, l'Issoire, sortie du versant septentrional des monts de la Marche, semble devoir affluer sans obstacle à la Gartempe ; mais, au bout de quelques lieues, un pli de terrain la rejette vers l'ouest et elle tombe finalement dans la Vienne à Confolens.

Les plus considérables de ces déviations sont produites par le système orographique du Limousin. Tandis que tous les affluents de la Garonne coulent presque parallèlement les uns aux autres, de l'est à l'ouest, la Dordogne est longtemps retenue dans la direction

---

(1) En Limousin, par exemple, ces petits ruisseaux porte un nom générique, *gorre* ou *gorret*, comme celui de *gardon* dans la région de Nîmes, celui de *gave* dans les Pyrénées, celui de *tarnon* dans le sud du Massif.

(2) Les exemples que nous en fournissons pourront paraître peu topiques, puisqu'ils sont empruntés à des rivières non navigables dans la partie de leur cours qui appartient au Massif intérieur. Cependant, comme elles sont flottables à bûches perdues, notre remarque n'est pas sans portée.

du sud-ouest par les premières terrasses du Bas-Limousin, en sorte qu'elle arrive à l'Océan par le lit de la Gironde. Plus au nord, la Vienne qui, pendant plus de 100 kilomètres, coule également de l'est à l'ouest et semble vouloir gagner l'Océan en ligne droite, est arrêtée par les collines de l'Angoumois et change brusquement de direction pour gagner résolument la basse Loire.

Le grand coude que fait la Vienne au delà de Chabanais est tout semblable à celui du Rhône à Lyon, du Rhin à Bâle, du Danube au nord de Pesth. Il y a là comme une erreur de la nature, car si la Vienne eut franchi le léger obstacle que lui opposent les collines de l'Angoumois, elle eut confondu ses eaux avec celles de la Charente, augmenté le volume d'eau de cette rivière et donné à la partie septentrionale du Massif la voie naturelle qui lui manque vers l'Océan et que l'art des ingénieurs n'a point encore su ouvrir.

Ce que la Vienne ni la Dordogne n'ont pu être pour le Massif intérieur, la Charente, quoiqu'elle prenne sa source en Limousin, près de Rochechouart, ne peut davantage le devenir. Cette rivière décrit d'abord un très long circuit, qui retarde sa marche, et ne devient navigable qu'à partir de Montignac-Charente, à quelques lieues en amont d'Angoulême. Encore n'est-elle jusqu'à Tonnay-Charente qu'un cours d'eau de quatrième ordre. La nature s'est donc obstinément refusée à relier directement à l'Océan la partie du Massif qui se projette le plus vers l'ouest. Nous dirons plus tard par quels projets, non encore réalisés, l'homme a tenté de suppléer à cette mauvaise volonté.

∴

Longtemps contenus dans des lits étroits ou sans profondeur, obstrués de rocs qui montrent partout leurs têtes rugueuses, coupés par des chutes plus ou moins artificielles, les nombreux cours d'eau qui arrosent le Massif ne répondent guère à la définition de Pascal. S'ils marchent c'est pour eux-mêmes, non pour porter les fardeaux des populations riveraines. La Creuse et l'Aveyron sont utilisables comme force motrices et destinés peut-être à rendre par là, un jour, de grand services à l'industrie : comme moyens de transport ils ne sont flottables pour les trains de bois qu'à la limite du Massif. La Creuse, comme l'indique son nom, est trop fortement encaissée et l'Aveyron, en amont du Bruniquel, n'est qu'un torrent pittoresque. L'Isle serait plus praticable si elle ne manquait de profondeur. Quant à la Vienne (*Vigenna*) qui sort du plateau des Millevaches, elle ne rend guère plus de services. Sans fond pour porter bateau, c'est seulement aux deux tiers de sa course, à Chatellerault en plein Poitou, à 140 kil. de Limoges, à 200 kil.

de sa source, qu'elle devient navigable (1). Quoiqu'elle naisse à 858ᵐ d'altitude, cette rivière a une pente si peu rapide qu'elle est encore à 150ᵐ au dessus du niveau de la mer quand elle baigne Chabanais. Aux approches d'Eymoutiers cependant, son lit s'améliore, et il faut prendre un furieux élan pour en franchir la largeur. Par la masse de ses eaux la Vienne est néanmoins le principal affluent de la Loire. Son bassin couvre plus de 20,000 kil. carrés.

Les quatre rivières que nous venons de nommer réservent toutes leurs faveurs à la plaine environnante. Trois autres sont accessibles à la batellerie légère dans une partie du Massif intérieur : la Vézère à partir de Terrasson (en aval de Brive); le Tarn depuis Albi, l'Agout depuis Castres. C'est à ces trois villes, d'importance fort inégale, qu'aboutissent depuis des siècles les charrois de l'intérieur. Non pas, certes, en toute sécurité d'esprit pour les conducteurs, car le Tarn, comme l'Aveyron et le Lot, avait mauvaise réputation.

Qui passa lo Lot, lo Tar et l'Aveyrou
N'es pas segur de tornar en sa meisou

disait un proverbe ancien, encore usité au xvɪɪᵉ siècle.

Restent quatre rivières réputées navigables : la Loire à la hauteur de St-Étienne, l'Allier depuis Fontanes au sud de Brioude, la Dordogne à partir de Bort, c'est-à-dire à son entrée en Limousin, le Lot depuis Entraygues à 80 kil. en aval de Mende. Quelques mots donc sur le régime de chacun de ces cours d'eau, en rappelant au préalable, comme correctif au bien que nous allons en dire, qu'à défaut d'obstacles naturels, ils étaient obstrués jadis par les péages qu'y avaient établis les seigneurs riverains.

Du Lot (*Oltis*) il y a peu de choses à retenir. C'est tout d'abord un torrent issu du mont Lozère, à 1,500ᵐ d'altitude, et qui ne prend une allure vraiment calme qu'aux environs de Mende, où déjà il n'est plus qu'à 750ᵐ. A la hauteur de Capdenac, il limite pendant quelque temps le Quercy et le Rouergue. A sa sortie du Massif, vers Villeneuve d'Agen, le Lot n'est plus qu'à 40ᵐ. Sa vallée ne le cède en beauté et en pittoresque qu'à celle de l'Aveyron. Les houillères qu'il traverse, les vignobles qu'il arrose lui ont donné pendant quelque temps une importance disproportionnée avec la longueur

---

(1) L'incapacité que la Vienne trahit, pendant cinquante lieues, de s'adapter à sa fonction, fournit l'explication d'un fait singulier aux yeux du géographe. Chabanais est resté un bourg de fort médiocre importance alors que toutes les localités situées aux coudes des fleuves sont montées au rang de grandes villes. Chabanais eut pu, grâce à sa position, devenir la rivale de Limoges. Il n'est pas même chef-lieu d'arrondissement.

de son cours qui n'est que de 481 kil. Dès 1837 on s'est occupé de le canaliser depuis Decazeville jusqu'à son confluent avec la Garonne, qui est à égale distance de Bordeaux et de Toulouse. La construction de soixante-treize écluses contribua à augmenter le tirant d'eau. Pour supprimer une des nombreuses boucles qui retardent la navigation, on perça même, dans la montagne, aux environs de Capdenac, un tunnel qui laisse passer et les eaux et les bateaux.

La Dordogne (*Duranius*) a la réputation d'être la plus belle rivière de France, ce qui se peut entendre de diverses manières. Elle est incontestablement plus large, plus paisible, plus profonde que toutes celles dont nous avons eu à nous occuper, et elle recueille les eaux d'un bassin de 30,000 kil. carrés. Elle prend sa source au cœur même de l'Auvergne, à 1,694 ^{m} d'altitude, sur les flancs de ce Puy-de-Sancy où les géographes voient le centre du Massif intérieur. Elle descend si rapidement qu'elle n'est plus qu'à 48 ^{m} au dessus du niveau de la mer quand elle reçoit la Vézère, à l'issue du Massif. Mais son lit, qui a une longueur de 490 kil., (autant que celui de la Meuse en territoire français) est fort inégal, malgré la placidité du miroir. Moins sinueux que celui du Lot, il est en quelques endroits et jusque dans la plaine du Périgord, embarrassé de rochers et resserré dans des passes difficiles, qui augmentent la rapidité de son cours. En été la rivière s'assèche sur quelques points : au moment des grosses eaux, elle charrie beaucoup de sable et de gravier. Pour remédier à ces inconvénients, le gouvernement de Louis-Philippe a fait creuser, à partir de Lalinde, sur une longueur de 15 kilomètres, un canal latéral à la rivière. Mais c'est seulement à Bergerac qu'on commence à voir des barques mâtées glisser sur les eaux.

Débarrassée de quelques-uns de ses obstacles naturels, la Dordogne l'a été aussi par la Révolution des vingt ou vingt-deux lieux de péage qui s'y étaient établis au moyen-âge et qui rendaient si coûteux le transport des denrées venues du Limousin ou de l'Auvergne.

Au point de vue historique, il convient de rappeler que, vers la fin du moyen-âge, la Dordogne a été souvent considérée par les gens du nord comme la frontière des provinces méridionales. Il est malaisé de justifier cette conception, car si la Dordogne sépare, pendant quelques lieues, le Limousin de l'Auvergne, elle n'a cependant limité ni la langue d'oc, ni le droit écrit, ni aucune des grandes dominations féodales qui se sont élevées dans le sud ou le sud-ouest de la France. C'est dans le sens du méridien que s'est dressée, contre les Anglais de Bordeaux, la ligne de châteaux-forts dont nous parlerons dans un autre chapitre. Toujours est-il que la royauté arrêta primitivement aux bords de cette rivière le ressort extrême du parlement de Toulouse et fort souvent celui des commandements militaires qu'elle institua au xive siècle durant la guerre contre les Anglais, soit au nord soit au sud de la Dordogne. On peut soupçonner, que l'importance de cette rivière, la longueur de son cours, qu'il est impossible de tourner sans tourner l'Auvergne elle-même, plus encore les effluves de chaleur qui caressent le visage quand, descendant des froides terrasses du Limousin, on approche de Sarlat, avaient donné à la Dordogne dans l'esprit des hommes du temps une place que ni la Vienne supérieure ni la Vézère ne pouvaient revendiquer.

Assez différent comme cours d'eau est l'Allier (*Elaver*). Cependant lui aussi a servi sur quelques lieues de limite historique : son cours inférieur séparait la Lugdunaise de l'Aquitaine; c'est à ce titre que l'Anonyme de Ravenne le mentionne au viie siècle. Mais au ixe les féodaux du Berry le franchiront et feront reculer ceux du Lyonnais. Son cours supérieur bornait le Vivarais et le Velay qu'il séparait du Gévaudan; c'est pour cette raison qu'au xviie encore, le ressort de la nouvelle province ecclésiastique d'Albi s'arrêta de ce côté à l'Allier. Enfin dans la partie médiane de son cours, cette rivière a limité sur quelques points le comté de Clermont et le dauphiné d'Auvergne.

Sorti des monts de la Margeride, à 1,423^m d'altitude, l'Allier coule longtemps avec une pente très prononcée, dans un bassin qui mesure 14,000 kil. carrés. Cependant à Vichy il est encore à 245^m d'altitude. Sa longueur n'est que de 375 kil. Il est donc, à cet égard, inférieur au Lot et à la Dordogne. Il l'est encore à d'autres points de vue : ainsi l'impétuosité de son courant empêche souvent la remonte des bateaux. En outre, l'Allier présente une particularité assez rare : au voisinage de Brioude le chenal a fréquemment changé ; le lit même s'est plusieurs fois déplacé ; des villages ont reculé ou même disparu, qui primitivement étaient assis au bord de la rivière. Seules les chartes du moyen-âge en redisent les noms. En 1872, un phénomène tout semblable s'est produit aux environs de Langeac : un pont suspendu qui reliait les deux rives est devenu inutile, la rivière s'étant portée plus loin.

A la fonte des neiges, l'Allier inonde quelquefois ses bords et arrête les communications ; en été il est souvent à sec, au dam des riverains. Pour remédier à ces inconvénients, un intendant de Riom proposait, à la fin du xviie siècle, un système de réservoirs à vannes. « On croit, disait-il, que le meilleur expédient seroit, comme il y a plusieurs ruisseaux qui se déchargent dans cette rivière, de faire des réservoirs d'eau dans les lieux les plus propres et les moins dommageables. Et lorsqu'il n'y auroit pas assez d'eau dans la rivière on lacheroit les écluses par le moyen desquelles on la rendrait navigable pendant tout le cours de l'année » (1). Ce projet a été repris au xix⁰ siècle, avec les développements que comportent les progrès de l'art des ingénieurs. Il n'est question de rien moins que d'emmagasiner dans une trentaine de réservoirs 286 millions de mètres cubes d'eau qui permettraient de rendre la rivière navigable en toute saison.

Ce n'étaient point d'ailleurs les seuls inconvénients que présentât l'Allier. Au voisinage de Pont-du-Château, par conséquent à la hauteur de Clermont, le saut de la Peslière était devenu la terreur des bateliers par le grand nombre d'accidents qui s'y étaient produits. En 1740, un receveur général des finances, qui inspectait l'Auvergne au nom du roi, appelait sur ce point la sollicitude du gouvernement. Jusqu'à Moulins on ne trouvait pas alors un seul pont, mais seulement des bacs flottants qui sombraient parfois avec leur chargement. Les relations de l'ouest de la France avec Lyon avaient donc lieu par Moulins, quand ce n'était pas par le Languedoc. Aussi le même inspecteur réclamait-il avec insistance, comme un grand progrès, la construction d'un pont à Hauterive, à une lieue en amont de Vichy. Il était réservé aux ingénieurs du xix⁰ siècle d'en établir d'autres jusqu'en pleine Auvergne.

Après l'Allier il reste à parler de la Loire (*Liger*). Ce fleuve, qui naît à 1373ᵐ au-dessus du niveau de la mer (2), a un régime fort différent dans le Massif de ce qu'il devient plus loin. Sous la latitude du Puy son lit est à 500ᵐ au dessus de celui du Rhône. Très encaissé depuis sa source jusqu'aux approches de Roanne, où il est encore à 280ᵐ d'altitude, il a beau s'enfler et monter, il ne déborde en hiver sur ses rives que d'une manière insignifiante, pour y laisser quelques terres d'alluvions appelées *chambons*. C'est seulement après Nevers, au sortir du Massif, qu'il devient dangereux pour les riverains, quand la fonte des neiges, la chute des grosses pluies, l'afflux de l'Allier portent jusqu'à 9,000ᵐ par seconde le débit de ses eaux. Même contraste en été : alors que la basse Loire montre partout son lit de sable et laisse à peine communiquer Nantes avec la mer, la haute Loire coule sur un fond imperméable

---

(1) *Mémoire* (manuscrit) *sur la généralité d'Auvergne*, 1698.

(2) Elle a un parcours de 252 lieues, tandis que le Rhône n'en a que 203. Mais la masse d'eau roulée par celui-ci est plus considérable que celle de la Loire. Par contre la Loire est, de tous les fleuves de France, celui qui draine la plus large surface de territoire : 116,500 kil. carrés. Le Rhône n'en draine que 97,800. — Ces chiffres sont empruntés au *Dictionnaire géographique* d'Ad. Joanne. Ils diffèrent légèrement de ceux que fournissent d'autres géographes.

avec une rapidité qu'explique la forte déclivité de cette partie de son cours.

Pour desservir utilement ses deux rives dans la traversée du Massif, il manque à la Loire un peu de profondeur. Au moment de l'étiage elle est partout impraticable; en temps normal Roanne est le premier port qui s'offre à la navigation. C'est là que s'embarquent hommes et marchandises depuis des siècles pour gagner Orléans et Paris; c'est là que commence le canal latéral qu'on a construit jusqu'à Briare pour compenser l'insuffisance du fleuve; c'est là enfin que Louis le Débonnaire fit exécuter les premiers travaux d'endiguement qui aient été tentés en vue de diminuer les fâcheuses conséquences des débordements de la Loire. Pour les populations du Massif, Roanne a joué, de ce côté, même rôle que Toulouse à l'autre extrémité.

La Loire, dans la partie de son cours qui nous importe, n'a servi de limite historique que dans les temps modernes : à la fin du XVIᵉ siècle elle sépara sur une longueur d'environ 75 kilomètres la généralité de Moulins de la généralité de Dijon, et à la fin du XVIIIᵉ siècle, le département de l'Allier du département de Saône-et-Loire, subsidiairement le diocèse de Moulins de celui d'Autun.

L'ensemble des remarques que nous venons de faire ouvre déjà une vue sur l'histoire commerciale du M. I. et laisse entrevoir que les services rendus par nos cours d'eau ne sont nullement en proportion de leur nombre. Si l'on trace une ligne par Saint-Etienne, Fontanes, Montluçon, Chatellerault, Terrasson, Bort, Entraygues Albi et Castres, on circonscrit un vaste polygone privé de toute voie navigable. Ce polygone peut encore être étendu : car les localités que l'on vient de nommer, si elles marquent le point de départ officiel du mouvement de la petite batellerie, sont souvent fort en arrière du point où peuvent remonter les bateaux d'un tirant plus considérable. C'est pour cette raison que la Loire et la Dordogne ont dû être munies d'un canal latéral à une hauteur où elles sont censées navigables.

Par la Loire ou par la Garonne, c'est toujours à l'Océan que vont nos rivières. La nature n'a mis le Massif intérieur en relations avec la Manche et la Méditerranée que par ses parties excentriques : le Morvan et le Vivarais. Mais les rivières d'Yonne et d'Ardèche desservent d'autres intérêts que les nôtres.

En somme, dans l'état actuel des choses et en négligeant la Vézère, le Tarn et l'Agout qui sont de quatrième rang, la Loire, l'Allier, la Dordogne et le Lot sont les seules rivières secourables aux populations de notre région. Et cependant, la Dordogne si paisible, si sûre dès qu'elle quitte l'Auvergne, ne traverse pas une seule ville avant Bergerac, aux confins du Bordelais. Le Lot, qui baigne Mende et Cahors, n'ajoute rien à leur importance de chefs-lieux de départements. L'Allier, qui traverse Brioude, Issoire et Moulins, n'en a point fait de grandes villes. Quant à la Loire, c'est seulement à Roanne, c'est-à-dire au moins à 160 kil. de sa source, qu'elle attire à elle une ville digne de ce nom.

Les deux plus grandes agglomérations d'hommes que nous devions rencontrer — St-Etienne et Limoges — ne doivent rien ou presque rien aux rivières qui les traversent. Des villes qui eurent rang de capitales au cours du moyen âge, plusieurs, telles que Riom, Clermont, Aurillac, St-Flour, Montbrison, Le Puy, Guéret, se sont assises loin des rivières. D'autres, situées en amont du point navigable, n'ont pu tirer aucun parti des eaux dont elles étaient baignées : c'est le cas pour Rodez, Mende et Tulle. Quant à Moulins, Montauban, Cahors et Albi, on ne voit point quels grands avantages ils ont retirés de leur position en aval du même point. Ces remarques reviennent à dire que les capitales du Massif intérieur (1) ne devant pas grand'chose à leurs rivières, il faudra chercher ailleurs le secret de la prospérité de quelques-unes d'entre elles.

Si, pour rester fidèles à la méthode de comparaison que nous nous sommes prescrite, nous cherchons à déterminer la caractéristique de nos rivières, nous remarquons qu'à la différence des fleuves d'Afrique qui opposent à la partie inférieure de leur cours des obstacles infranchissables à la navigation, c'est surtout dans leur cours supérieur que nos rivières refusent de porter bateau. Les travaux d'amélioration entrepris ou à entreprendre sont donc tout autres que ceux que l'on exécute en Algérie ou au Sénégal.

L'inégale répartition des eaux vives dans le Massif intérieur est une autre particularité. On n'en rencontre point sur les causses du sud-ouest où, par suite, les bois, les riches pâturages, les populations denses font complètement défaut. C'est seulement sur le pourtour de ces plateaux calcaires que les ruisseaux jaillissent, mais au voisinage immédiat des rivières qu'ils grossissent, en sorte que leur abondance est sans profit pour les populations.

Les deux lois connues en géographie sous le nom de lois de Baer trouvent application dans le Massif intérieur. En vertu de la première, les rivières qui coulent de l'est à l'ouest subissent dans leur marche un léger retard résultant de la rotation de la terre dans le sens opposé. La Vienne supérieure, la moyenne Dordogne, le Lot, l'Aveyron, le Tarn sont dans ce cas. A pente égale, leur marche n'est point isochrone avec celle des rivières qui coulent de l'ouest à l'est.

(1) La même remarque s'applique, hors du Massif, à des villes comme Aix, Reims, Lille, Roubaix.

La seconde loi de Baer établit que le fil des eaux qui roulent du sud au nord subit, sous l'influence de cette même rotation, une légère déviation vers l'est. La conséquence, c'est que la Loire supérieure l'Allier et la Vienne moyenne font subir à leurs rives orientales une érosion insensible, mais continue. Au contraire les eaux qui roulent du nord au sud comme la Saône et le Rhône, érodent leurs rives occidentales. Pour ces deux fleuves la rive occidentale c'est le Massif lui-même.

.·.

Quoique fort nombreuses et fort belles, les chutes d'eau du Massif intérieur sont inférieures à celles du pays de Comminges. Toutes n'ont pas d'ailleurs égale importance et n'offrent pas même intérêt. Celles de Salins près Mauriac, de Bort sur la haute Dordogne, du Saut-de-Sabo sur le Tarn méritent seules d'être citées. Il y a là en réserve, pour la grande industrie, des forces mal employées jusqu'ici. Lorsqu'on aura substitué aux moulins hydrauliques les moulins mus par la force électrique que produisent les chutes d'eau, le Massif intérieur tirera de cette innovation les mêmes avantages qu'il a tirés depuis deux siècles de ses gisements de houille (1).

S'il y a beaucoup de rivières dans le M. I. il n'y a guère de lacs : une dizaine tout au plus. Aucun n'est comparable à ceux d'Annecy ou de Grandlieu. Dans le Velay le lac du Bouchet n'a guère que trois kil. de circuit, celui de Saint-Front (ou d'Arcone) également. En Auvergne le lac d'Aydat près Clermont est le plus vaste que l'on puisse citer : il mesure quatre kilomètre de circuit et 30^m de profondeur; le lac de la Crégut a également quatre kilomètres de tour, avec moins de profondeur; le lac Pavin est moins étendu, mais l'industrie s'en est emparée et en tire des truites à foison. Dans un cratère du Mézenc se cache le lac d'Issarlis, « nappe de saphir dans un écrin de forêts » (M. de Vogüé).

Il y a, par contre, dans toute la région granitique qui s'étend du Gévaudan jusqu'en Limousin et tout particulièrement dans le Rouergue, le Forez, le Bas-Limousin (où on en comptait 117 en 1789), nombre de petits étangs fort utiles aux populations rurales pour abreuver leurs troupeaux, mais impropres à tout autre exploitation, condamnés d'ailleurs à disparaître tôt ou tard par évaporation. Dans la région des causses, les étangs ne durent point. Ceux qui se forment quelquefois à la suite du débordement des rivières ou des

---

(1) M. de Rothschild dans le dép. de la Creuse, feu Pouyer-Quertier dans celui de la Corrèze ont déjà, pour leur compte, commencé cette transformation. On en pourrait citer d'autres exemples.

pluies prolongées, s'écoulent peu à peu dans l'intérieur d'un sol peu étanche.

Il subsiste aussi quelques marais qui ravissent à la culture des terres utilisables, quand ils n'empestent pas l'atmosphère de miasmes délétères. Les grands dessicateurs des deux derniers siècles ont réussi à dessécher le marais de Sarliève près Clermont (1612 et ss); ceux d'Auranches, Saint-Bauzire, Cœur, Gerzat, Ménétrol et Thuret, situés également dans la Limagne (1714 et ss.). Cependant, en 1787, l'assemblée provinciale d'Auvergne s'occupait encore de faire disparaitre un marais qui s'étendait entre Ennezat et Maringues. Pendant une moitié du xix° siècle, le Conseil général de la Haute-Vienne s'est préoccupé, sans grand résultat, de donner écoulement à un autre petit marais situé près d'Ambazac, au nord de Limoges. Aucun de ces marais ne pouvait être comparé, depuis bien des siècles déjà, à ceux de la Brenne, de la Bresse, de la Sologne ou des Dombes.

6

La longue étude que nous venons de faire de la structure du M. I. serait incomplète si nous ne déterminions quelles sont, dans cette vaste région, les sous-régions qui résultent naturellement de la configuration du sol. Or il y en a de plusieurs sortes, suivant le point de vue que l'on choisit.

Pour le géologue la dualité physique du sous-sol se reproduit à la surface. Aux terrains azoïques correspond la région des montagnes que recouvrent cinq des provinces dont nous aurons à nous occuper (Limousin, Auvergne, Lyonnais, Velay, Gévaudan et Rouergue en partie); — aux terrains jurassiques et tertiaires se superposent les causses du Quercy et de partie du Gévaudan, les terrasses du Rouergues, de l'Albigeois et du Bourbonnais.

Il y a d'ailleurs montagne et montagne, comme il y a causse et causse. Les caractères particuliers de ces lobes du Massif vont, en effet, s'affaiblissant à mesure qu'on s'éloigne des Cévennes. Le Limousin et le Bourbonnais sont les représentants dégénérés de chacun d'eux. Le cirque du Cantal et le mont Lozère fournissent le type du genre montagneux comme le causse Méjean présente le type du genre caussard. Quant à l'Albigeois et au Quercy ce sont des territoires hybrides, qui se morcellent nettement en plaine, causse et montagne.

Si l'on considère l'altitude, on discerne bien vite dans le Massif les trois étages concentriques que nous avons signalés précédemment. Leur largeur respective n'est point partout la même. Sans essayer de la préciser nous dirons que la zone de premier étage comprend l'Albigeois presque en entier, le Haut-Quercy avec ses causses, la partie orientale du Périgord, la presque totalité du Limousin, enfin la Marche, le Bourbonnais et les parties les plus basses de l'Auvergne et du Forez.

La zone de second étage, qui serre de plus près le Massif montagneux, est constituée historiquement par les causses du Rouergue et du Gévaudan, les parties moyennes de l'Auvergne, du Velay et du Forez et par les parties les plus élevées du Limousin, de la Marche et du Lyonnais.

Quant à la zone montagneuse, d'aspect chaotique, qui forme le noyau du Massif, elle est habitée par une partie des populations de l'Auvergne, du Rouergue, du Gévaudan, du Velay et du Forez.

A considérer maintenant la direction de la ligne de faîte (monts de la Margeride et d'Auvergne, collines de Combraille et du Limousin), on distingue deux versants : celui de l'est que sillonnent les Cévennes septentrionales, les monts du Velay et leurs prolongements ; — celui de l'ouest que couvrent les Cévennes méridionales, les monts de Lacaune et du Lévezou, les Monédières et les monts de la Marche. Le Massif se trouve donc scindé en deux parties à peu près égales, dont la ligne de faîte forme comme l'épine dorsale.

Ces versants nous pouvons aussi bien les nommer des bassins, car la direction des cours d'eau est partout déterminée par celle des montagnes. La haute Loire, l'Allier, la Vienne et leurs affluents forment le bassin de l'est et du nord, — la Dordogne, le Lot, le Tarn forment le bassin de l'ouest et du sud. Versants et bassins se superposent donc et coïncident à leur naissance exactement.

.·.

Nous n'avons point épuisé la série des points de vue. A ceux que nous venons d'indiquer, qui en raison de leur ampleur sont, on le devine, de date récente et résultent des constatations d'une science méthodique, il faut ajouter ceux que nous appellerons populaires, faute d'un meilleur terme, et qui ont amené de fort bonne heure la distinction du sol en pays. Tels le Jarez, le Chevalez, le Roannez, le Forez en Lyonnais, — la Limagne, le Carladais, le Livradais en Auvergne, — la Xaintrie, la Combraille, le Dognon, le Ligoure, l'Yssandonois, le Magnazeix en Limousin, — le Peyralès, le Barrez, le Bégonhès en Rouergue, — le Basset en Velay, etc.

Quoique nous ne les connaissions pas tous, ces pays paraissent avoir été proportionnellement moins nombreux dans notre région qu'au pied des Pyrénées, où le sol est encore plus découpé. On les a définis de petites ré... ns naturelles reconnues par l'œil de paysans observateurs. Mais cette définition ne saurait convenir à tous : les uns, qui représentent d'anciens *pagi minores* de l'époque romaine, ont peut-être cette origine ; mais d'autres perpétuent les vicairies administratives fondées par les Mérovingiens, tandis que d'autres correspondent au finage de seigneurs féodaux. La question d'origine est donc assez complexe. Ce n'est point ici le lieu de la débrouiller. Nous dirons seulement que les pays proprement géographiques sont en petit nombre, par la simple raison que la surface du sol n'est point composée, comme ... , d'alvéoles distinctes, mais d'accidents de terrain toujours enchevêtrés les uns dans les autres. Et puis, si quelques-uns de ces accidents sont assez restreints pour que leur unité physique puisse être facilement saisie, les autres le sont trop peu. Ainsi, quoi de mieux délimité et de plus nu dans sa variété que le long parallélogramme qui s'étend entre la moyenne Dordogne et le moyen Lot d'une part, la plaine aquitanique à l'ouest, la zone de second étage à l'est? Mais ce territoire mesure pour le moins 3,000 kil. carrés. Il est donc trop étendu pour avoir jamais pu constituer aux yeux des populations d'autrefois une région distincte.

Il résulte de nos critiques que les pays géographiques, tels que la tradition les a constitués, ne sauraient être pris, comme on l'a voulu, pour des unités destinées à devenir le fondement de l'étude du sol, sous prétexte qu'ils possèdent en même temps une unité climatérique, botanique, zoologique, agricole, anthropologique, historique et coutumière. Rien n'est moins fondé. Même l'unité agricole et botanique est contestable ; car au pourtour du causse, à la base de la montagne, tout diffère de ce qui existe au centre ou au sommet. Dans la réalité visible et palpable, toutes les parties du sol sont dans une subordination si étroite à l'égard les unes des autres qu'il est chimérique de vouloir y déterminer autre chose que ce que j'appellerai des unités de surface et de volume, — sauf quelques exceptions trop rares pour asseoir une étude d'ensemble.

Une autre appellation d'origine populaire est celle de haut et bas pays, qui paraît s'être introduite au xive siècle. Le haut pays dans chaque province est celui où dominent les montagnes ; le bas pays celui où les plaines l'emportent. Au fond c'est une distinction qui repose sur l'altitude. Et en effet, la Haute-Guyenne comprend, outre une région qui confine aux Pyrénées, le Quercy et le Rouergue, mais non le Périgord englobé dans la Basse-Guyenne avec les provinces qui bordent l'Océan. Le Haut-Berry (avec Bourges, St-Amand, Sancerre) c'est le vaste plateau qui confine à la Loire ; le Bas-Berry au contraire (avec Châteauroux, La Châtre, Issoudun) touche au Poitou.

De même dans le Massif intérieur, le Haut-Forez s'entend de la partie qui confine aux Cévennes autour de St-Étienne, tandis que le Bas-Forez désigne la plaine où s'élève Roanne (1). La Haute-Auvergne s'entend de la région du Cantal et des puys ; la Basse-Auvergne, de la Limagne.

Le Haut-Gévaudan comprend les monts de la Margeride et d'Aubrac ; le Bas-Gévaudan s'étend au pied des Cévennes. La Haute-Marche du Rouergue correspond au pays de Millau et St-Affrique, la Basse-Marche à celui de Villefranche. La Haute-Marche du Limousin s'identifie avec la région de Guéret et d'Aubusson, la Basse-Marche avec celle de Bellac et Le Dorat. Le Haut-Quercy c'est Cahors et Figeac, le Bas-Quercy c'est Montauban.

Il y a cependant quelques cas où l'observation populaire est en défaut, si on la contrôle par la cote d'altitude. Ainsi la dénomination de Haut-Périgord s'applique, au dire des géographes (2), à la contrée où s'élèvent Périgueux (83^m), Mussidan (42^m), Bergerac (32^m), tandis que celle de Bas-Périgord appartient au Sarladais dont les principales villes, situées au voisinage du Quercy, ont une altitude bien supérieure : Sarlat et Beaumont 136^m, Belvès 177^m, Montpazier 190^m, Molières 200^m, etc. De même, l'altitude moyenne du Haut-Limousin est notablement inférieure à celle du Bas-Limousin, qui ne paraît pas l'emporter non plus par la fréquence des plaines.

Sauf en Armagnac (3), nous ne connaissons point hors du M. I. d'appellations semblables à celles de Périgord blanc et Périgord noir, Quercy blanc et Quercy noir, Xaintrie blanche et Xaintrie noire. Elles semblent ne point remonter au delà du XIIIe siècle, ce qui déjà les fait un peu plus vieilles que celles de haut et bas pays. La région noire paraît désigner celle des montagnes aux parois obliquement éclairés par le soleil. La région blanche serait alors celle de la plaine. Ce sont là autant de dénominations populaires qui ont bien leur prix.

(1) Montbrison qui, en raison de sa situation et de son altitude, devrait faire partie du Bas-Forez est attribué par Longuerue au Haut-Forez.

(2) Il est à noter que ces dénominations de Haut et Bas-Périgord sont souvent confondues dans les textes. Nous suivons M. de Gourgues qui prétend leur avoir restitué leur sens historique et identifie résolument le Bas-Périgord ou Périgord noir avec le Sarladais. (*Dict. topographique de la Dordogne*). — Cf. *la France* par Pierre Duval, géographe du roi (1661, p. 230) et la *France physique* de l'Atlas Vidal-Lablache (carte n° 63).

De même les termes de Périgord noir (région de Sarlat) et Périgord blanc (région de Périgueux) sont souvent pris l'un pour l'autre, même au XVIIIe siècle.

(3) Armagnac haut ou blanc (région d'Auch) ; [Armagnac bas ou noir (région de Nogaro).

La distinction des hauts et bas pays est originairement toute géographique ; mais elle s'est compliquée, au cours des siècles, d'éléments historiques. Ainsi le Haut-Languedoc comprend non-seulement les diocèses d'Albi, Lavaur et Castres, de Rieux, Alet, Mirepoix et Comminges situés soit dans le Massif, soit dans les Pyrénées, mais encore ceux de Montauban, Toulouse, St-Papoul et Carcassonne qui s'étendent presque tout entiers dans la plaine. De même le Bas-Languedoc enferme historiquement outre les diocèses d'Uzès, Nîmes, Montpellier, Agde, Lodève, Béziers, Saint-Pons et Narbonne assis dans la plaine, ceux de Viviers, Alais, Mende et Le Puy qui appartiennent sans réplique au Massif intérieur.

Là même où les hauts et bas pays correspondent à la réalité des choses, ils enferment des bourgs, des cantons mêmes qui ne leur appartiennent qu'à la faveur de la dépendance féodale ou ecclésiastique dans laquelle ils se trouvaient. Je ne sais si cette autre incorrection a été constatée pour tous les hauts et bas pays que nous avons tout à l'heure énumérés. Elle existe en tout cas dans la Marche, le Limousin et le Périgord.

7

Le sous-sol du Massif est d'une remarquable variété de composition et d'une richesse qui dépasse de beaucoup celle de la surface. Il suffit de jeter les yeux sur une carte géologique (1) pour comprendre que chaque révolution terrestre a laissé chez nous un témoin. A la vérité, le minerai de fer, l'une des richesses de la France, est rare chez nous, sauf pourtant en Rouergue, en Périgord et sur quelques points du Bas-Limousin et du Lyonnais. Par contre on rencontre de grands gisements de houille à Saint-Etienne, Commentry, Ahun, Saint-Eloi, Champagnac, Aubin-Decazeville, Carmaux, Grandcamp, et leurs annexes, — sans oublier Brassac, Langeac, Bert, dans la vallée de l'Allier, et les taches carbonifères qui se laissent voir près de Brive, d'Issoire, de Saint-Affrique. Cependant aucun de ces gisements n'a l'étendue de ceux qui existent en Angleterre, en Belgique, dans la Prusse rhénane ou même en Flandre.

A Saint-Yrieix on a, vers 1768, découvert des carrières de kaolin qui ont fait la fortune industrielle de Limoges. A Chessy près de Villefranche-sur-Rhône se trouvent les plus riches mines de cuivre

(1) Par exemple la carte n° 61 de l'Atlas Vidal-Labrache ou bien la carte n° 11 de l'Atlas Schrader.

qu'il y ait en France, les seules que possède le Massif avec celles de Rouergue.

Il y a du bitume en Auvergne, des minerais de plomb dans le Limousin, le Gévaudan, le Rouergue, le Quercy, l'Auvergne ; un peu d'étain en Limousin et en Gévaudan, de l'ocre et de l'alun en Rouergue, des rubis en Velay, du phosphate de chaux en Quercy et dans les Cévennes méridionales, du bismuth près Meymac en Bas-Limousin, du marbre dans le cirque du Cantal, des carrières de pierres à meules près Brive, des carrières de pierres à bâtir en Périgord et Quercy, des porphyres dans les monts du Lyonnais et en Auvergne. Dans cette dernière province, la pierre dite de Volvic a toujours servi à la construction des édifices et des maisons de l'Auvergne et du Forez. D'où l'aspect sévère, presque triste, de Riom, de Clermont, de Saint-Étienne, de Saint-Flour, « les villes noires » de France. Cette pierre s'extrait des coulées de lave du puy de la Nugère, entre Volvic et Pontgibaud. Voilà tantôt sept cents ans que les carriers y puisent sans épargne : le bloc en est-il moins formidable ?

Les sources thermales, sulfureuses ou minérales, abondent dans toute la France du Massif, particulièrement en Auvergne (1) et en Bourbonnais (2). Il y en a aussi, mais plus rares, en Rouergue (3), en Lyonnais (4), en Velay (5), en Quercy (6). Par contre, on n'en rencontre point dans l'ancien Limousin, celles d'Évaux et d'Availles exceptées. Mais, quelle que soit à cet égard la richesse de notre région, elle est surpassée d'un tiers par celle de la région pyrénéenne où l'on compte trois cents sources de ce genre. Il semble néanmoins que, dans le passé, les eaux de la France intérieure aient été plus fréquentées que celles des Pyrénées, en raison sans doute de leur plus grande proximité. Dès le XVIe siècle, celles du Bourbonnais passaient pour « fameuses, salutaires, merveilleuses », propres à guérir toutes sortes de maux tels que rhumatismes, diarrhées, vapeurs et autres incommodités. Elles attiraient déjà un grand concours de malades, ce qui inspirait à un intendant de Moulins cette remarque judicieuse : Qu' « elles ne faisaient pas moins de bien au pays qu'aux malades. »

---

(1) Celles du Mont-Dore, de la Bourboule, de Royat, de Chaudesaigues et de Vic sont les plus fréquentées.

(2) Celles de Vichy, de Bourbon-l'Archambault et de Néris sont les plus connues.

(3) Celles du Pont-de-Camarès près Millau, et de Cransac près Rodez.

(4) Celles de Saint-Galmier, de Sail-les-Bains, de Saint-Alban, etc.

(5) Celles de Bagnols près Mende est la plus renommée.

(6) Celles de Miers, de Gramat, etc.

A signaler aussi, au moins comme curiosité, les eaux pétrifiantes de Saint-Allyre et Saint-Nectaire en Auvergne, celles du Quercy et du Périgord.

Couvert, sur quelques points, d'une forte végétation, si l'on en juge par les gisements de houille qui en proviennent, le Massif parut sans doute fort appauvri quand les éruptions volcaniques eurent pris fin. Aussi les grandes forêts de l'ancienne France ne se sont-elles jamais trouvées là. Le sol est en effet peu propice aux fortes essences. Seules les pentes de l'Espérou et de l'Aigoual dans les Cévennes méridionales peuvent passer pour chevelues. Dans l'intérieur, c'est-à-dire principalement en Gévaudan, sur les versants orientaux des monts d'Aubrac et de la Margeride, il y a aussi quelques belles forêts de pins et de chênes qui donnent à la région appelée le Palais-du-Roi un grand charme. La forêt de Mercoire, dans la boucle que forme l'Allier à sa naissance, couvre 340 hectares ; celles de Tronçais et de Champroux, au voisinage de Bourbon-l'Archambault, entre le Cher et l'Allier, sont déjà moins considérables. Partout ailleurs il n'y a plus que des lambeaux de forêts, plus nombreux qu'en Bretagne, moins étendus que dans les Ardennes, les Vosges, le Bassigny ou le Morvan. Le causse de Sauveterre et le plateau des Millevaches, si fourrés au moyen-âge, sont maintenant complètement dénudés. Toutefois, comme les Vosges ont le chêne, comme le Jura a le sapin, le Massif a son arbre à lui, le châtaignier, peu exigeant, peu absorbant. Mais les plus grandes châtaigneraies se trouvent aujourd'hui au-delà des Cévennes, en Vivarais : celles du Limousin ne leur sont pas comparables.

A mesure qu'on approche du midi, une nouvelle flore se manifeste : autour de Montauban on rencontre le mûrier ; en Albigeois, le figuier, l'olivier, l'amandier, toutes espèces propres aux plaines ensoleillées. Dans une partie du Quercy, du Périgord et du Bas-Limousin, les noyers à huile sont nombreux et fournissent depuis bien des siècles matière à quelque industrie.

La variété du sous-sol entraîne celle du sol et, par voie de conséquence, la diversité des végétaux. Les terrains oolitiques du Gévaudan ne sauraient produire les mêmes plantes que les terres limoneuses de la Limagne. Aussi la flore est-elle plus variée dans le Massif intérieur qu'en aucune autre région de France, et depuis Mathieu Lobel (1676) elle a enrichi la botanique d'espèces que l'on ne rencontre point ailleurs. Etagée sur trois degrés de latitude et sur mille mètres d'altitude, elle se répartit forcément entre plusieurs zones. La végétation des causses appartient presque tout entière à la zone du midi, tandis que celle des montagnes rentre dans la zone du nord. Au voisinage des sources minérales, c'est-à-dire à

60, 70 et 80 lieues de l'Océan, les botanistes signalent parfois des plantes marines qui semblent prospérer.

Les mémoires d'intendants, de la fin du XVIIe siècle, n'en savaient pas si long : ils se contentent de relever la présence de plantes médicinales « fort en réputation ». Et de fait, au dire d'un géographe de la même époque (1), on venait jusques d'Italie rechercher « avec grand soin » celles d'Auvergne. L'abbé Coulon mentionne également celles du Périgord et admire les tulipes jaunes du Quercy. Cependant cette flore n'a jamais été méthodiquement exploitée pour les besoins de l'homme. C'est à peine si la violette d'Auvergne, la digitale, la lavande, le genièvre, la menthe, qui se rencontrent en divers endroits, sollicitent les herboristes et les liquoristes de la région. C'est loin de nous, en Provence, que l'extraction du principe aromatique et du suc nutritif des plantes est devenu une industrie lucrative.

La vraie richesse du Massif intérieur à chacun de ses étages, ce sont les pâturages, quand les déclivités du terrain ne les rendent pas inaccessibles. Ceux du causse de Larzac sont aromatiques ; ceux des monts d'Aubrac, de la Margeride et des plateaux du Quercy suffisent à nourrir des cent milliers de moutons qui du Bas-Languedoc y viennent estiver chaque année et repassent les Cévennes à l'approche de l'hiver. En Auvergne et en Limousin, où le sol est généralement moins pauvre, les pâturages engraissent des troupeaux de chevaux et de bêtes à corne, comme en Vendée, en Basse-Bretagne et en Normandie.

Quant à la faune, sans être comparable à celle des Alpes ou des Pyrénées, elle s'en est beaucoup rapprochée jusqu'à la fin du siècle dernier. Il y a cent cinquante ans, les Cévennes centrales étaient encore peuplées de grands loups, d'ours et de sangliers qui parfois semaient la terreur parmi les populations. La longue battue organisée en 1764 dans trois ou quatre provinces contre la « bête du Gévaudan » est, pour notre région, le dernier grand épisode de la lutte de l'homme contre les fauves de la création. Si le loup et le sanglier subsistent encore, l'ours a disparu de partout.

Les zoologistes ont étudié, depuis quelques années, la faune des lacs d'Auvergne et du Rouergue, et la faune aveugle que l'on rencontre dans les cavernes de la région des causses. Mais rien ne permet de croire encore qu'il y ait là pour l'homme autre chose qu'une conquête scientifique.

L'histoire de l'exploitation de ces richesses naturelles nous occupera longuement dans un autre chapitre.

---

(1) P. Duval, géographe du roi, dans son livre *La France*, 1691, p. 185.

∴

La population totale du Massif intérieur, dans les limites que nous avons indiquées précédemment (1), est aujourd'hui d'environ 3,500,000 d'habitants, ce qui représente un septième et demi de celle de la France (2). Ce chiffre paraîtra bien faible si on le rapproche de celui que fournit chacun des états, d'étendue plus restreinte, auxquels nous avons comparé tout à l'heure le Massif intérieur : la Suisse avec ses 3,000,000 d'habitants, la Hollande avec ses 4,670,000, la Bohème et la Belgique avec chacune 6,000,000 (3). Seule l'Irlande, qui a même superficie que le Massif, a une population légèrement inférieure.

On peut pressentir déjà que la vie publique et économique n'a point eu chez nous l'intensité qu'on lui connaît dans la région de l'Escaut. C'est qu'en effet le sol est généralement pauvre, le climat débilitant ; les points inhabités ou inhabitables sont nombreux : les causses du Gévaudan et du Rouergue, le massif de la Lozère, les monts d'Aubrac, le cirque du Cantal, le plateau des Millevaches, pour ne citer que les principaux.

Ce chiffre de 3,500,000 d'habitants est en tout cas de beaucoup supérieur à celui que nous pouvons constater dans le passé. En prenant le sixième ou mieux le dixième (4) des chiffres que M. Levasseur a établis pour la population totale de la France à différentes dates, nous devons conclure qu'au temps de César le Massif intérieur ne comptait guère que 600,000 habitants et qu'il en possédait tout au plus 800,000 à la fin de la période romaine ou encore sous Charlemagne, — 2,100,000 avant la guerre de Cent ans, 2,000,000 après ce long désastre, — 2,100,000 en 1700, 2,400,000 en 1770 et 2,600,000 à la veille de la Révolution (5). Depuis lors, la progression a été rapide et constante, mais la répartition est devenue plus inégale.

(1) Voy. p. 19. C'est-à-dire avec treize départements entiers, y compris celui du Rhône (mais non la ville de Lyon), — et avec partie des départements de la Dordogne (arr. de Nontron, Périgueux, Sarlat) et du Tarn-et-Garonne (arr. de Montauban).
(2) La population totale de la France continentale était de 38,000,000 d'habitants au recensement de 1891.
(3) Ces chiffres sont tirés, en nombre ronds, de l'*Almanach de Gotha* pour 1894.
(4) Nous avons établi précédemment que le Massif équivaut au sixième du territoire de la France. Mais en raison de la densité plus faible de la population dans les pays de montagnes, il est prudent d'abaisser cette fraction.
(5) E. Levasseur. *La population française : histoire de la population avant 1789.*

Les départements les plus peuplés sont ceux de la Loire (646,927 h.), du Puy-de-Dôme (564,266 h.), de l'Allier (424,382 h.), de l'Aveyron (400,467 h.), de la Haute-Vienne (372,878 h.) et du Rhône moins la ville de Lyon (367,660) (1). Ceux du Tarn, de la Corrèze, de la Haute-Loire, de la Creuse et du Lot n'atteignent pas 350,000 âmes ; celui du Cantal descend à 239,601 et celui de la Lozère à 135,527 (2).

Ce classement, qui ne tient pas compte de la différence d'étendue entre les départements, ne préjuge donc rien quant à la densité de la population. Il ne serait cependant guère modifié si nous établissions la population spécifique. Elle est, comme dans tous les pays de montagnes, en proportion inverse de l'altitude : il y a 132 habitants par kilomètre carré dans le Rhône (moins la ville de Lyon); 124 dans la Loire, 71 dans le Puy-de-Dôme, 63 dans la Haute-Loire, 62 dans le Tarn, 60 dans la Haute-Vienne, 55 dans l'Allier, 53 dans la Corrèze et dans le Lot, 50 dans la Creuse, 47 dans l'Aveyron ; il n'y en a que 40 dans le Cantal et 26 dans la Lozère (3). Pour l'ensemble de notre région la population spécifique est de 67 habitants par kilomètre carré.

A noter ici que la proportion de la population rurale à la population totale est plus forte dans le Massif que dans le reste de la France, la Bretagne, les Alpes et les Landes exceptées.

Depuis un siècle, les centres industriels nouvellement établis (Saint-Étienne, Limoges, Carmaux, Aubin, etc.) ont beaucoup modifié la densité de la population sur certains points. Dans son développement général, la population du Massif progresse plus lentement que dans le reste de la France. La raison n'en est pas seulement dans les causes naturelles que nous avons spécifiées précédemment. Ce retard a eu dans le passé des causes historiques : la misère du bas peuple, l'insalubrité des villes, le grand nombre des épidémies, la fréquente mortalité des nouveaux-nés à peine

(1) Tout en revendiquant le Lyonnais et le département du Rhône pour le Massif, nous laisserons toujours Lyon en dehors de nos préoccupations.
(2) Entre le département de la Haute-Vienne et celui du Cantal prennent place ceux du Tarn (346,739 h.), de la Corrèze (396,119 h.), de la Haute-Loire (316,735 h.), de la Creuse (285,660 h.) et du Lot (353,835 h.). — Les arrondissements de Nontron, Périgueux et Sarlat comptent au total 306,927 h.; celui de Montauban 97,498 h. Ce qui donne 404,425 à ajouter au chiffre de 5,086,223 que fournissent les treize départements qui appartiennent entièrement au Massif intérieur : 5,086,223 + 404,425 = 5,490,648.
(3) Le volume qui contient les résultats officiels du dénombrement de la population en 1891 n'indique pas la population spécifique. Nous avons emprunté nos chiffres au *Dictionnaire géographique* de M. Vivien de Saint-Martin, bien qu'ils se réfèrent à l'année 1876.

compensée par la surprenante fécondité des mariages ; dans le présent, la stérilité des mariages, l'émigration des paysans, le célibat d'un grand nombre d'hommes.

8

Le Massif intérieur n'est pas un tout organique qui, comme une île, se suffise à lui-même, puisque pour gagner la grande mer ses eaux se déversent dans quatre bassins différents. Être géologique ramassé sur lui-même et très nettement constitué, il est comme être géographique trop étendu pour se trouver partout identique à lui-même. Aux contours fixes de la base s'opposent les lignes onduleuses du périmètre de la surface ; à la région des montagnes s'oppose celle des plaines et des causses. A l'ouest de la haute Loire, la structure s'accuse en reliefs parallèles ; plus loin, autour du plateau des Millevaches, en reliefs divergents ; au sud-ouest et au sud, en masses avoisinées. Par son altitude, le Massif est une région moyenne dans l'ensemble du territoire français, intermédiaire entre celle des hautes montagnes, Alpes ou Pyrénées, et celle de la plaine qui borde l'Océan. Si les forces de la nature y sévissent parfois avec une intensité que ne connaît point le bas pays, jamais pourtant leur action ne produit des effets comparables à ceux qui se manifestent dans les Alpes. Enfin, c'est une région de contrastes où se rencontrent, côte à côte, les croupes chevelues de l'Aigoual et les plateaux glabres du Gévaudan, les vallées saturées d'eau et les causses desséchés, les hauts puys et les gorges profondes, les terres fertiles de la Limagne et les landes arides du plateau des Millevaches, les paysages les plus riants et les panoramas les plus désolés, la solitude des causses et le fourmillement des bassins houillers, le soleil de l'Albigeois et le froid intense du Cantal, la sécheresse du Quercy et l'humidité du Limousin, les merveilles extérieures du Velay, de l'Auvergne, du Gévaudan, et les merveilles souterraines de ce même Gévaudan, du Rouergue ou du Quercy. Moins pittoresque que le Vivarais, « terre promise des touristes et des savants », moins fortement caractérisé que le massif des Alpes ou des Pyrénées, moins âpre que la Bretagne armoricaine, le Massif intérieur est à tous égards plus humain. Mais il lui manque deux choses essentielles pour rivaliser avec eux : les sommets de 3,000 mètres et le voisinage de l'Océan.

Si nous voulions définir le Massif par son contraire, c'est le bassin parisien qu'il faudrait considérer. Ce sont là, en effet, deux régions fort dissemblables par leurs caractères internes et externes. Elie de Beaumont a, le premier, marqué cette opposition en appelant l'une le pôle attractif, l'autre le pôle répulsif de la France. Le Massif intérieur ne retient en effet aucun des cours d'eau qu'il produit ; il les envoie tous à la plaine avant de les donner à l'Océan. Il est donc bien, ainsi qu'on l'a encore nommé, le pôle de divergence, de dispersion hydrographique. Et comme aucune des grandes capitales politiques du passé ne s'y est élevée, nous pourrons dire plus tard que les caractères physiques de cette région se sont reproduits dans son histoire : elle a beaucoup donné, elle a peu reçu.

Elle a donc été fort inégalement traitée par la nature, et l'homme s'en est ressenti. La vision que nous pourrons prendre de l'humanité sur ce coin de terre sera confuse ou tout au moins complexe. Suivant qu'il habite la vallée ou la montagne, le causse indigent ou la plaine plantureuse, le paysan a mené une vie fort différente. Cependant sa misère est toujours relative et son existence ne forme contraste que si nous l'opposons à celle des paysans de régions plus favorisées : Normandie ou Flandre, Provence ou Bas-Languedoc. Mais presque partout la masse de la population rurale a vécu jusqu'au xixe siècle et s'est perpétuée au régime de l'eau claire, du pain de seigle, de la soupe à l'huile et de la bouillie de châtaigne. Substantiel sous le climat de l'Albigeois et du Bas-Quercy, ce régime est insuffisant à l'altitude d'Aurillac, de Limoges ou du Puy.

Ces inégalités se constatent aussi dans l'histoire de la civilisation, plus active et plus brillante en Auvergne et en Limousin qu'en Rouergue ou en Quercy. Elles étaient senties par les hommes du moyen âge, qui en tenaient compte dans l'assiette de l'impôt. Dès le xve siècle, les élections de finance du Limousin avaient pour subdivisions soit les circonscriptions féodales, soit les circonscriptions ecclésiastiques existantes. Néanmoins, par une dérogation à ce principe, on taxait à part, sous le nom de « pays de la montagne », le plateau des Millevaches et ses entours, qui appartenaient pour partie aux châtellenies d'Ahun, d'Aubusson et de Felletin. Au xviie siècle, on avait établi, dans l'élection de St-Flour, un bureau auxiliaire à Mauriac « pour le soulagement des taillables qui sont dans les montagnes éloignées....... impraticables pendant six ou sept mois de l'année ». A la même époque, quand une élection de finance paraissait surchargée d'impôts, l'intendant en défalquait les non-valeurs et les appliquait en bloc à la région la plus stérile de sa Généralité. C'est ainsi que, vers 1660, l'intendant de Moulins fit transférer sur deux montagnes voisines de Guéret une imposition de 150,000 ll., dont, bien entendu, il ne revint pas un sol au roi.

Les esprits poétiques ont senti de bonne heure le charme des paysages de M. I. Au xviie siècle Honoré d'Urfé plaçait dans le

Forez, qu'il habitait, les scènes pastorales de ses romans. Au XVIII⁰ Marmontel commence ses mémoires par un tableau idyllique de la vie de ses compatriotes de Bort, sur les confins du Limousin et de l'Auvergne. Au XIX⁰ les peintres n'ont pas manqué pour décrire les agréments et les beautés du Massif : George Sand, Elie Berthet, Emile Montégut y ont trouvé, pour leurs fictions ou leurs récits, des cadres d'un charme pénétrant. Michelet a de fortes expressions pour traduire ce qu'il a plutôt entrevu que constaté. M. Elisée Reclus lui-même s'est complu dans cette France du Massif et il en a signalé la sauvage grandeur. Si les noms d'Ecosse française, donné quelquefois au Limousin, de petite Suisse, donné au Bourbonnais, font tort à l'Ecosse et à la Suisse, ils témoignent du moins que nos deux provinces ne sont pas sans posséder quelques uns des charmes propres à ces deux pays.

Du haut du Puy-de-Sancy l'observateur tient facilement sous le regard une bonne moitié de M. I. L'effet décoratif est imposant et la variété des aspects inépuisable. L'œuvre de l'inconsciente nature, accomplie avec la seule collaboration du temps, se révèle ici puissante autant que magnifique. L'homme s'y sent plus près de ses origines terrestres : il contemple l'originel, il palpe l'indestructible. Il comprend que cette terre, à la fois si vieille et si belle, est le produit de forces redoutables qui agissaient en un temps où nul œil humain ne pouvait les contempler. Elles sommeillent maintenant, qui sait pour combien de temps, à quelques milles mètres au dessous de l'écorce que nous foulons.

Mais ces considérations n'intéressent guère l'histoire de l'homme : ce sont les effets seulement qui nous importent ; ce sont les effets que nous avons essayé de constater avec précision, car la structure externe est restée, à peu de chose près, ce qu'elle était quand la vie organique y apparut. A quelle date cette apparition eut lieu, à quelle date l'homme, le plus parfait exemplaire de la force créatrice, a pris possession de ce domaine, voilà ce qu'il serait pour nous du plus grand intérêt de savoir. La question revient à demander quel âge avait l'humanité dans le Massif au moment où les témoignages écrits parlent d'elle pour la première fois. La géologie nous dit bien que l'homme existait à l'époque glaciaire, qu'il est contemporain du renne et du mammouth. C'est là certainement une belle antiquité, mais qu'il est malaisé de dater même par siècles. Tenons du moins pour certain que la race avait déjà grandement subi l'influence du milieu ambiant et prenons l'homme, au premier chapitre de ce livre, tel que nous le montrent les écrivains du premier siècle avant l'ère chrétienne.

Alfred Leroux.

Limoges, février 1891.

www.ingramcontent.com/pod-product-compliance
Lightning Source LLC
LaVergne TN
LVHW022128080426
835511LV00007B/1074

* 9 7 8 2 0 1 2 6 8 1 3 4 7 *